MARIA TERESA COTTA DE CAL

COMIDAS CRIOLLAS

EN

Ollas de Presión

V EDICION

5,000 EJEMPLARES NUMERADOS

MIAMI, FLORIDA
1968

| INSCRIPTO EN EL REGISTRO DE LA PROPIEDAD ARTISTICA E INTELECTUAL | DIPLOMADA EN LA ACADEMIA DE COCINA Y PASTELERIA, LE CORDON BLEU (PARIS) |

EJEMPLAR 2059

Impreso por "C.F.C." Offset Printers - Miami, Florida

A mis Lectores

A los 12 años de haberse realizado la última edición de este libro, en Habana Cuba, siento una gran satisfacción en proporcionar a todos los interesados en las labores culinarias, esta quinta edición y primera en el exilio cubano.

Hace tiempo que deseo la impresión de este libro; pero, mis queridos lectores, deseaba de todo corazón hacerla en nuestra amada Cuba la que todos anhelamos verla libre y soberana. Desgraciadamente, el tiempo ha transcurrido sin que nuestro ideal se halla realizado, más pensando que de este modo, puedo ayudar a muchas personas, que con poca experiencia, tienen que cocinar diariamente, y atender otros menesteres, en su hogar, oficina o factorías, es lo que me ha decidido, sin más espera ha comenzar esta labor que creo sea de utilidad a mis lectores.

Por este medio le expreso mi agradecimiento a los 19,500 lectores de este libro, en las ediciones anteriores correspondientes al número de ejemplares vendidos.

Gracias a todos los anunciantes que han cooperado económicamente por medio de diferentes publicidades.

Se han adicionado nuevas recetas adaptadas a ciertas clases de alimentos pocos usuales en Cuba y que creo será una nueva orientación para sacar mayor provecho de ellos. Espero que todas estas nuevas recetas sean del agrado de todos, y pueden estar seguros que haciéndolas exactamente como están indicadas, tendrá éxito en su confección.

Una buena amiga, humilde (a pesar de su alta alcurnia), y muy bondadosa que quiere ocultar su nombre, ha cooperado facilitándome algunas recetas, las cuales además de impresas aquí, las daré a conocer también en un nuevo programa de televisión.

Que Dios quiera que la próxima edición de este libro vea la luz en nuestra inolvidable patria, es la esperanza de

La Autora

INSTRUCCIONES INDISPENSABLES PARA COCINAR EN OLLAS DE PRESION

Use siempre la taza y cucharitas de medir para la confección de las recetas de este libro.

1) Después de poner el agua necesaria junto con la comida, cierre herméticamente su olla; como hay distintas, siga las instrucciones de la que usted posea.

2) Para facilitar el cierre, sobre todo, cuando es nueva la olla o se ha cambiado recientemente la goma, recomendamos lubricar la banda de goma con aceite o manteca.

3) Para eliminar el aire después de cerrada la olla, se deja la válvula abierta, pues no puede iniciarse la formación del vapor en el interior de la olla de presión, sin haberse eliminado por completo. Hay marcas que tienen un indicador de presión que se pone tapando la válvula una vez que la columna de vapor sea constante, otras tienen una válvula que se pone en posición horizontal, cuando el vapor constante se ha iniciado, y vertical cuando se necesita que se elimine el aire que hay en el interior. También existen con dichos indicadores, fabricados en distintas formas, número que marcan 5, 10 y 15 libras de presión, teniendo de este modo un control más exacto para cocinar. No obstante, aunque la marca que Ud. posea no tenga dicho indicador, observe que cuanto se inicie un fuerte escape de vapor, después de colocada la válvula, es que su olla ha alcanzado las 15 libras de presión, necesarias para cocinar, rebajándose inmediatamente el calor al mínimo, si cocina con cocina eléctrica o de gas, y si lo hiciere con carbón o leña retírela a un lado de la hornilla, sáquele carbón o leña y déjele sólo unas brasas.

4) No conviene usar mucho calor, una vez que tenga las 15 libras de presión, pues el escape del vapor evapora el agua que hay en el interior de la olla con demasiada rapidez y los alimentos no quedan con la salsa necesaria y pierden sabor. Si el sonido del vapor que escapa aumenta retire más aún del fuego su olla.

5) Cuando el tiempo de cocinar indicado en la receta se haya completado, retírese de la candela y déjese que baje la presión lentamente. Si lo que se cocina son vegetales, arroz, macarrones o espaguettis, en estos casos puede enfriarse la olla rápidamente, bien poniéndola en un fregadero con agua o colocándola debajo de la llave abierta en el fregadero de la cocina, cuidando siempre de no mojar la válvula de la misma.

6) NUNCA ABRA LA OLLA CUANDO LA TAPA OFREZCA RESISTENCIA; PUES HAY AUN PRESION EN DICHA OLLA. Si fuere necesario abrirla urgentemente es preferible ponerla en agua fría unos minutos, con lo que se reducirá la presión inmediatamente y entonces se podrá abrir. AL CONTENER LA OLLA SOPAS O POTAJES NO SE BAJARA CON AGUA LA PRESION. Hay que esperar una vez apartada del fuego, que se enfríe al aire, lentamente.

7) Sacar siempre antes de destapar la olla el indicador de presión, y si tiene el indicador fijo en la tapa, póngalo en posición vertical y mientras salga vapor por la válvula no la abra pues hay presión en su interior.

8) El tiempo para cocinar debe ser exacto, pues de lo contrario la comida quedará demasiado cocida, perderá vitaminas y el color natural de los alimentos, especialmente los vegetales y viandas, se obscurecerá. AL PRINCIPIO UD. TENDRA LA IDEA QUE NO SE PUEDE COCINAR UNA COMIDA DENTRO DEL TIEMPO INDICADO; PERO ESTO ES EL RESULTADO DE INVESTIGACIONES PRACTICADAS EN ESTA MARAVILLA MAGICA DEL ARTE CULINARIO QUE ES LA OLLA DE PRESION.

9) La madurez, tamaño y corte de los alimentos influye mucho en el tiempo destinado a la cocción, pues un alimento fresco se hace siempre más pronto.
No obstante, siguiendo el tiempo indicado tendrán éxito en la preparación de la receta.

CUIDADO DE SU OLLA DE PRESION

Procure limpiarla con estropajo de aluminio del más fino y no usar jabones que contengan potasa y sí los propios para pulir aluminio. Séquela inmediatamente y guárdela en lugar seco y con la tapa colocada al revés a fin de evitar el olor a humedad que resultaría si se cerrase herméticamente como cuando se va a cocinar.

Como este libro no se limita a dar detalles del funcionamiento de una marca determinada y sí en términos generales, conviene repasar el folleto de su olla, pues aunque el sistema de cocinar no se difiere en nada, sea la marca una u otra, sí pequeños detalles del funcionamiento de las mismas, ya que por estar patentadas no pueden hacerse exactamente iguales por distintos fabricantes.

¡IMPORTANTE!   ¡IMPORTANTE!

Recuérdese que al empezar a cocinar se requiere el máximo de calor para la cocción, pero una vez alcanzada la presión indicada e iniciado el escape del vapor, inmediatamente debe bajarse la llama al mínimo y si se utilizase leña o carbón, apártese hacia un lado del fogón. Siempre que abra la olla séquese inmediatamente la tapa, pues la goma con la humedad del vapor y el brusco contraste con la temperatura exterior se ablanda fácilmente inutilizándose. Una banda de goma bien cuidada debe durar un año por lo menos, siguiendo fielmente estas instrucciones.

Limpiese una vez al mes por lo menos el pequeño agujero por donde se inicia el escape del vapor, en la tapa de la olla.

Nunca llene la olla más de las tres cuartas partes de su volumen cuando se trate de líquidos y cuando sea de vegetales puede llenarse más, pero nunca hasta el borde.

Al cocinar granos o legumbres llénese hasta la mitad.

No golpee el borde de su olla con espumaderas u otro utensilio de cocina, puede estropearse y no ajustar la tapa y por lo tanto haber escape de vapor. Utilice siempre la cuchara de madera para revolver los sofritos y mezclar los alimentos, evitando de esta manera rayar la olla.

Al secar la goma de la tapa hágalo empujándola hacia dentro.

No permita salir el vapor por la válvula demasiado tiempo, cuando éste se inicie, póngale la válvula indicadora de la presión.

No obra nunca su olla sin haber quitado el indicador de presión o puesto la válvula en posición vertical para que no tenga vapor. Es preferible esperar que baje la presión y cuando tenga vegetales o arroz puede enfriarse rápidamente por medio del agua.

Fíjese bien antes de cerrar su olla cuando vaya a cocinar, si la goma de la tapa está completamente dentro de la ranura para la misma, caso contrario empújela hacia dentro. Si no tiene esta precaución se expone a que salga el vapor por la tapa y no se eleve la presión, perdiendo tiempo en esperar, abrirla de nuevo y colocar la goma.

CAUSAS DE FRACASOS MAS COMUNES A LAS PERSONAS INEXPERTAS EN LA COCINA A PRESION

Primera: Echar más agua de la indicada en la receta.
Segunda: Dejar la válvula de presión abierta y expulsándose por la misma el vapor, demasiado tiempo.
Tercera: Exceso de grasa. En la cocina a presión se puele calcular un 50% menos de grasa que en la olla ordinaria.

¿**Por qué?** La alta temperatura y uniformidad del calor de cocinar por este sistema hacen que las grasas, que en más o menos cantidades poseen los alimentos se agreguen al líquido o jugo que se adiciona a las comidas.

Cuarta: Abrir la olla cuando tiene presión. Siempre que se encuentre resistencia en la tapa, cuando se intente hacerla girar, para abrirla, es señal inequívoca que tiene presión. Debe de enfriarse la olla con agua, pero nunca por este medio cuando tenga sopas o potaje. Puede hacerse girar o elevar (según sea la olla) la válvula de escape de vapor lentamente, hasta que lo haya expulsado por completo, entonces se podrá abrir.
Es necesario probar los alimentos antes de cerrar la olla, teniendo presente que si en la confección de la receta, hubiere jamón o tocino, que quede un poco escasa de sal, pues al cocinar por este método, con poco líquido y sin evaporarse, suplirá la falta de la misma, la que contienen estos alimentos.

Quinta: No cerrar herméticamente la tapa es de suma importancia, pues al elevarse la presión por medio del vapor, si ésta no está bien cerrada pueden suceder dos cosas: o saldrá vapor y no alcanzará la presión necesaria para cocinar, o saltará la tapa con fuerza llevándose la cocinera el susto consiguiente.
Muchísimas personas, a pesar de las ventajas de este moderno sistema de cocinar, le tienen verdadero pánico a ponerlo en práctica, por haber oído el criterio, de los que sin previa instrucción, usaron de este utensilio sin conocer el funcionamiento, y sufrieron en la práctica algunos de los errores mencionados.

Sexta: Si la olla, por no ajustar perfectamente la goma de la tapa, tiene escapes de vapor y no se eleva la presión en el tiempo normal, no puede quedar bien la receta, aun que se hiciese exacta; se cocinará con exceso la comida y no tendrá la salsa necesaria, y caso que el agua o líliquido que se indicase en la receta fuese poco es probable que se queme la comida.
Es importante que la goma esté perfecta y bien encajada en la ranura para la misma y que la válvula de su olla esté funcionando bien. Puede suceder, si su ajuste no fuese perfecto que al tener exceso de calor salte la válvula.

IDEAS PARA COCINAR CON RAPIDEZ

Un día a la semana, que tengamos más desocupado, será suficiente, para abreviar el tiempo que empleamos en la confección de los menús del resto de la misma.

Haremos en dicho día, caldo vegetal, de pollo y de carne, colándolos y depositándolos en vasijas de barro o cristal en el refrigerador. Estos caldos nos serán muy útiles, primero, para preparar en 3 o 4 minutos, sopas de pastas o fideos, también para sustituir el agua que se agrega a muchas comidas.

Un potaje de frijoles o de cualquier otra grano, guardado en el refrigerador, tapado más de un día, tienden a endurecerse, por lo tanto, para que dichos potajes duren 7 o más días en perfectas condiciones y de buen sabor, al terminarse la cocción de los granos, pásense inmediatamente por el colador de puré, guardándose en vasijas de cristal o loza tapándose.

Si quedase demasiado espeso el puré, al calentarse, se le puede agregar cualquier clase de los caldos guardados en el refrigerador, modificando el sabor del mismo, y haciéndolo más apetitoso.

Otro factor importantísimo para abreviar es tener sofritos preparados y salsas, en este libro se indica la forma de hacerlas.

La selección de los postres de la semana, entra también en este plan de economía de tiempo, porque todos los indicados en este libro (a axcepción de arroz con leche y la harina de maíz que se endurece demasiado y deben comerse pronto;); pudines, flanes, y dulces en almíbar pueden hacerse, conservándose en perfectas condiciones, más de una semana, puestos en el refrigerador.

No pongo en este libro menús semanales porque en la práctica he observado, que es de muy mal efecto, tal o cual día de la semana fijo, saber lo que vamos a comer, de manera que lo dejo a elección de mis lectoras: que ellas seleccionen lo que crean más conveniente, y aconsejándoles la mayor variación de los mismos, para estimular el apetito de su familia.

Masas preparadas para frituras, de distintas clases (cuidando de no echarle la levadura hasta cinco minutos antes de freirse), pueden guardarse tapadas en el refrigerador.

Croquetas formadas, y envueltas en galleta rallada, a fin de freirlas enseguida después de pasadas por huevo batido y galleta nuevamente.

El arroz, los vegetales y viandas deben hacerse en el mismo momento, pero ¡¡qué fácil es conseguir ésto, poseyéndose una olla de presión!! Vegetales cocinados en la olla común pierden vitaminas, no conservan su color natural y resultan insípidos, por el sistema de cocción antiguo, pero gracias a esta maravilla de utensilio doméstico, tenemos asegurada una mayor nutrición y conservación de vitaminas en nuestros menús, un sabor exquisito y conservación del color natural de dichos alimentos.

EL OSO BLANCO

FLAGLER Y 12 AVE.
GROCERY y CARNICERIA

VIVERES EN GENERAL

Vegetales y Viandas frescas diariamente
El más grande surtido de Vinos Importados
y las Carnes de la más alta calidad cortadas
a su gusto.

AMPLIO PARQUEO AL FONDO

Abierto
de 8 A. M. a 11 P. M.
todos los días del año.

Servicio
Gratis
a
Domicilio

Cambiamos Checks del
Gobierno, Hoteles
y Factorías.

Todos los ingredientes para las Recetas de
Cocina de este Libro los encontrará

en el OSO BLANCO. El Oso cariñoso
El Oso que nadie teme
El Oso que todos quieren
de Flagler y la 12 Avenida

**Con la presentación de este Libro Ud. obtendrá
una rebaja de un 10% en su compra inicial.**

EL OSO CARIÑOSO

FR3-9267

RECETAS DE ARROZ

ARROZ CON POLLO

INGREDIENTES:

2 cucharaditas de sal rasas.
1 libra de arroz Valencia
1 pollo de 3½ libras (neto).
8 cucharadas de coñac
2 ajíes molidos
1 taza de cebollas picadas.
2 dientes de ajos machacados.
1 cucharadita de azafrán.

1 lata de petit pois.
1 lata de puré de tomate.
1 pizca de nuez moscada rallada.
1 cucharada de pimentón.
½ taza de tocino picadito.
3 tazas de agua, incluyendo el líquido del petit pois, pimientos morrones y coñac.
¼ taza de aceite.
1 hoja de laurel.

INSTRUCCIONES: Caliéntese la olla vacía destapada 5 minutos y fríase el tocino hasta dorarse, agregándose después el pollo, sin freírlo mucho, y el aceite. Agréguense todos los condimentos, después de freírlo todo, las 3 tazas de agua y cuando ésta hierva se echará arroz, sal, coñac y laurel. Tápese la olla Cuando el vapor salga por la válvula de escape, póngase el indicador de presión, siguiendo las instrucciones de su olla: al marcar 15 libras de presión, rebaje el calor y cocínese 10 minutos. Transcurridos los 10 minutos, aparte la olla y deje que la presión baje lentamente.

. Debe disolverse en el vino o coñac indicado en la receta.

Las proporciones de esta receta son suficientes para 8 raciones.

IMPORTANTE: El azafrán debe de mezclarse con los dientes de ajos indicados en la receta y machacarse en el mortero para disolverlo bien y dar mejor color y sabor al arroz, y echarle después de diluído agua.

CONGRI

INGREDIENTES:

- 1 taza de frijoles colorados.
  (Puestos en remojo el día anterior con 1 cucharadita de sal).
- 6 cucharadas de tocino picado.
- 2 cebollas grandes.
- 4 ajíes (pimientos) verdes (grandes).
- 3 dientes de ajos.
- 2 tazas de arroz
- 8 cucharadas de aceite.
- 1 cucharada de sal.
- 1 hoja de laurel.
- $1/4$ cucharadita de comino u orégano.

INSTRUCCIONES: Se echan los frijoles en la olla con 4 tazas de agua, incluyendo en ellas el agua del remojo y el ají. Tápese la olla, cuando el vapor salga por la válvula de escape, póngase el indicador de presión, siguiendo las instrucciones de su olla. Cuando marque 15 libras de presión, rebaje el calor y cocínese 20 minutos. Apártese la olla, transcurrido este tiempo, y déjese que la presión baje sola.

Hágase un sofrito con todos los aliños mezclados en una sartén, y échese a los frijoles, y el arroz (lavado en el momento de echarlo). Tápese la olla, cuando el vapor salga por la válvula, póngase el indicador de presión, al marcar 15 libras de presión, rebájese el calor y cocínese 10 minutos. Transcurrido este tiempo, aparte la olla del calor y deje que baje la presión lentamente.

MOROS CON CRISTIANOS

Este plato puede hacerse con frijoles negros, sobrantes de las comidas anteriores, de la siguiente forma: Póngase la olla vacía y destapada al calentar y échese $1/4$ de taza de manteca, 2 dientes de ajos, un ají y una cebolla, bien picados. Fríanse hasta empezar a dorarse, lávense dos tazas de arroz y échense en este sofrito, revolviéndolo bien hasta que absorba la humedad. Agréguese dos tazas frijoles y 3 tazas de agua, uniendo a la misma el caldo de los frijoles 1 cucharada de sal. Tápese la olla. Cuando el vapor salga por la válvula de escape, póngase el indicador de presión. Al marcar 15 libras de presión, rebájese el calor y cocínese 10 minutos. Pasado este tiempo, aparte la olla del calor y deje que la presión baje lentamente.

Cuando los frijoles no son sobrantes de comidas anteriores, deben cocinarse previamente en la olla de presión 20 minutos. El agua debe de cubrirlos.

ARROZ CON QUIMBOMBO

INGREDIENTES:

½ libra de tomate.
2 tazas de arroz
1 libra de quimbombó (pequeñitos).
½ taza de cebolla.
1 taza de calabaza picada.
¼ taza de manteca.

2 dientes de ajos.
2 cucharadas de zumo de naranja agria.
1 cucharadita de sal.
3 tazas de agua.
2 cucharadas de perejil picado.
2 ajíes de ensalada.
1 cucharadita de azafrán

INSTRUCCIONES: Caliéntese la olla vacía y destapada 5 minutos, échese la manteca, fríase la cebolla y ajo, cuando estén ligeramente dorados, agréguesele el ají y tomate, fríase un poco y échese el arroz lavado en el mismo momento, revuélvase bien, échense 3 tazas de agua hirviendo, la calabaza picada, y el quimbombó (el que se habrá partido en ruedas y lavado en agua con zumo de limón), agréguese el zumo de naranja, sal y azafrán. Tápese la olla. Cuando el vapor salga por la válvula de escape, póngase el indicador de presión, siguiendo las instrucciones de su olla. Al marcar 10 libras de presión, rebájese el calor y cocínese 8 minutos. Transcurrido este tiempo, aparte la olla del fogón y deje que baje la presión.

ARROZ CON CHORIZOS

INGREDIENTES:

1 taza de arroz
1 chorizo.
2 dientes de ajos machacados.
3 cucharadas de puré de tomate.
1 cebolla grande picadita.

¼ de taza de ají (pimiento) picadito.
2 cucharadas de manteca.
1 hojita de laurel.
1 cucharadita de sal.
1½ tazas de agua.

INSTRUCCIONES: Caliéntese la olla vacía y destapada 5 minutos, échese la manteca y el chorizo pinchado por varias partes para evitar que se rompa, dórese un poco y agréguense los demás condimentos y el arroz, revélvase bien, échese taza y media de agua. Tápese la olla. Cuando el vapor salga por la válvula de escape, póngase el indicador de presión, siguiendo las instrucciones de su olla. Al marcar 15 libras de presión, rebájese el calor y cocínese 7 minutos. Transcurrido ese tiempo, aparte la olla del calor y deje que la presión baje lentamente.

ARROZ CON PESCADO

INGREDIENTES:

2 tazas de arroz

½ taza de perejil picado.
1 ají (pimiento).
3 cebollas picaditas.
1 diente de ajo.
2 cucharadas de vinagre
1 cucharada de sal.

2 libras de pescado, partido en 6 ruedas.
1 cucharada de pimentón.
8 cucharadas de aceite de oliva.
3 tazas de agua.
¼ cucharadita de azafrán tostado.

INSTRUCCIONES: Pónganse 3 tazas de agua en la olla y cuando ésta hierva, échese el arroz y todos los ingredientes en crudo, revuélvase y colóquense las 6 ruedas de pescado. Tápese la olla, cuando el vapor salga por la válvula de escape, póngase el indicador de presión, siguiendo las instrucciones de su olla. Al marcar 10 libras de presión, redúzcase el calor y cocínese 8 minutos.

Transcurrido este tiempo, aparte la olla del calor y enfríela con agua.

ARROZ CON POLLO. SEGUNDA RECETA

INGREDIENTES:

¼ cucharadita de azafrán.
1 libra de arroz Valencia

¼ taza de manteca.
1 lata puré de tomate.
1 ají (pimiento) grande.
1 cebolla mediana.
2 dientes de ajo.
½ taza de vina

1 lata de petit pois.
1 pollo
de 2 libras después de limpio.
2 cucharaditas de sal.
2½ tazas de caldo de sustancia o agua con dos cubitos de caldo concentrado

INSTRUCCIONES: Se pone la olla a calentar con la manteca, echándole la cebolla, ajo y ají, friéndolo un poco, después el tomate y a los 2 o 3 minutos el pollo partido en pedazos. Se agrega después laurel, comino, la cantidad que se pueda coger con dos dedos, y por último ½ taza de vino seco, caldo, diluyendo en él azafrán (¼ cucharadita). Tápese la olla: y cuando el vapor salga por la válvula de escape, póngase el indicador de presión, siguiendo las instrucciones de su olla. Al marcar 15 libras de presión, rebaje el calor y cocínese 5 minutos.

Transcurrido este tiempo, aparte la olla del calor y deje que baje la presión. Cuando no salga vapor por la válvula de escape, destápela, eche el arroz lavado en el mismo momento, y la lata de petit pois con el líquido de los mismos. Tape de nuevo la olla, y cuando el vapor salga por la válvula de escape, póngase el indicador de presión, al marcar las 15 libras de presión, rebaje el calor y cocínese 7 minutos. Transcurrido este tiempo, aparte la olla y enfríela, sumergiéndola en agua. Cuando no salga vapor por la válvula destápela y deje reposar 4 o 5 minutos el arroz antes de servirse.

Esta receta puede modificarse, sustituyendo el vino con cerveza o ron.

ARROZ CON SALSA DE TOMATE

INGREDIENTES:

2 tazas de arroz

1 taza de puré de tomate.

3 tazas de caldo de sustancia o caldo

½ taza de queso rallado.

2 cucharadas de mantequilla

20 aceitunas sin hueso.

¼ cucharadita de sal.

½ taza de cebolla muy picadita.

INSTRUCCIONES: Póngase la olla en el fogón destapada, échese el caldo, cuando empiece a hervir agréguense todos los iningredientes, menos el puré de tomate. Tápese la olla. Cuando el vapor salga por la válvula de escape, póngase el indicador de presión siguiendo las instrucciones de su olla. Al marcar 15 libras de presión, redúzcase el calor lo más posible y cocínese durante 10 minutos. Transcurrido este tiempo, apártese la olla del calor y enfríese sumergiéndola en agua fría. Cuando no salga vapor por la válvula destape la olla colóquese el arroz en un molde untado de mantequilla, prensándolo bien, désele la vuelta con rapidez, y sírvase adornando del puré de tomate que debe sofreirse previamente con 2 cucharadas de manteca de cerdo.

ARROZ CON GALLINA

INGREDIENTES:

- 2 tazas de arroz
- 1 gallina partida en trozos pequeños.
- 1 cebolla grande.
- 2 ajíes (pimientos).
- 4 tomates (de ensalada)
- ½ taza de vino seco
- ¼ taza de perejil picado.
- 1 zanahoria partida.
- 2 cucharaditas de azafrán.
- 1 cucharada rasa de sal.
- 3 tazas de agua, incluyendo el vino.
- 1 hoja de laurel.
- 2 cucharadas de aceite de oliva.

INSTRUCCIONES: Caliéntese la olla vacía y destapada 5 minutos, póngase el aceite, échese la gallina partida en pedazos, fríase en la misma grasa que suelta ésta durante 5 minutos. Agréguense todos los ingredientes, agua, menos el arroz. La zanahoria, partida. Tápese la olla, cuando el vapor salga por la válvula de escape, póngase el indicador de presión, siguiendo las instrucciones de su olla. Al marcar 15 libras de presión, rebaje el calor y cocínese 10 minutos.

Transcurrido este tiempo, aparte la olla del calor y deje que la presión baje sola. Cuando no salga vapor destape la olla, échele el arroz y el azafrán tostado y desleído en un poquito de agua. Tápese, cuando el vapor salga por la válvula de escape, póngase el indicador de presión. Al marcar 10 libras de presión, rebaje el calor y cocínese 10 minutos. Pasado este tiempo, aparte la olla y deje que la presión baje lentamente.

Modificaciones: Puede sustituirse el vino seco por ¼ taza de coñac, o ¼ taza de cerveza.

Si se le agregan 2 cubitos de caldo concentrado cambia el sabor, haciéndose más delicioso. En este caso échese menos sal.

PAELLA VALENCIANA (RACION para 8 personas)

INGREDIENTES:

- 6 tazas de arroz Valencia
- 3 libras de pollo
- 1 libra de carne puerco.
- 1 libra de jamón.
- 1 libra de camarones frescos.
- 3 cangrejos (la masa).
- 1 taza de aceite.
- 4 latas de pimientos morrones.
- 1 libra de masa de pargo.
- 1 taza de vino blanco
- 2 tazas de cebolla picada.
- 4 dientes de ajos.
- ¼ cucharadita de pimienta.
- ¼ cucharadita de nuez moscada rallada.
- 2 latas de puré de tomate.
- 2 cucharaditas de azafrán.

1 lata alcachofas en conserva.
2 latas grandes de petit pois.
1 lata de salchichas.
1 lata de calamares

4 ajíes (pimientos) de ensalada, verdes.
8 tazas de agua.
2 cucharadas rasas de sal.
2 hojas de laurel.

INSTRUCCIONES: Caliéntese la olla vacía y destapada 5 minutos, píquese la carne de puerco y fríase con el jamón, y 1 taza de aceite, échese la cebolla, ajos hasta dorarlo ligeramente. Pónganse los ajíes después de partidos en lazcas, los camarones frescos (se pelas crudos, sacándoles la cabeza), los cangrejos cocinados y pelados, a continuación el pollo partido en trozos pequeños, puré de tomate, nuez moscada, pimienta, calamares, salchichas, masa de pargo en pedazos grandes, laurel, azafrán desleído en agua. Echense 8 tazas de líquido, en el que se incluirá el líquido de la conserva de los pimientos, petit pois, salchichas y vino completando con agua el resto de la medida, y sal. Al hervir el agua, échese el arroz y azafrán que previamente se habrá desleído en un mortero con un poco de aceite hasta hacerlo una pasta. Tápese la olla, cuando el vapor salga por la válvula de escape, póngase el indicador de presión, siguiendo las instrucciones de su olla. Al marcar 15 libras de presión, rebájese el calor y cocínese 10 minutos.

Transcurrido este tiempo, aparte la olla del calor y deje que baje la presión. Cuando no salga vapor por la válvula, destape la olla, póngale petit pois y los pimientos morrones al servirse. Se acostumbra servirlo en cazuela de barro.

Para darle un salor exquisito 2 cuadraditos de caldo concentrado hay que disolverla en el agua que se cocina la paella. En este caso échese sólo 1 cucharada de sal, pues el caldo concentrado la tiene. Al servirse decórese con pimientos morrones y petit-pois.

ARROZ CON CARNE DE PUERCO

INGREDIENTES:

2 tazas de arroz

2 cucharadas de pimentón.
¼ cucharadita de orégano
4 cucharadas de aceite.
1 lata de pimientos morrones.

2 libras carne de puerco.
½ lata puré de tomate.
¼ cucharadita de pimienta.
2 dientes de ajos.
1 cucharada rasa de sal.
1 cucharada de azafrán.
2 tazas de agua.
½ taza de cebolla.

INSTRUCCIONES: Caliéntese la olla destapada y vacía 7 minutos, échese la carne de puerco picadita, hasta dorarla, revolviéndola continuamente. Agréguense todos los demás ingredientes, friéndolos. Cuando el agua hierva, échese el arroz. Tápese la olla.

Al salir el vapor por la válvula de escape, póngase el indicador de presión, siguiendo las instrucciones de su olla, cuando marque las 15 libras de presión, rebájese el calor y cocínese 10 minutos.

Transcurrido este tiempo, aparte la olla del calor y deje que la presión baje lentamente.

Puede agregarse al arroz plátano maduro partido en trozos, cocinándolo con los demás ingredientes.

ARROZ CON BACALAO

INGREDIENTES:

- 1 libra de bacalao, en remojo y desalado.
- 2 tazas de arroz
- 2 ajíes (pimientos) grandes.
- 1 libra de tomate natural.
- 1 cucharada de pimentón
- 1 hoja de laurel.
- 1 cucharadita de sal.
- ¼ cucharadita de pimienta blanca.
- ½ taza de aceite de oliva.
- 1 cucharadita de azafrán
- 3 tazas de agua.
- 1 taza de cebolla picada.
- 2 dientes de ajos machacados.
- 1 cucharada de vinagre

INSTRUCCIONES: Caliéntese la olla vacía y destapada 5 minutos, échesele el aceite, cebolla y ajos y dórese ligeramente, agréguense los demás ingredientes, menos el arroz.

El bacalao debe ponerse en remojo 10 o 12 horas, cambiándole el agua 2 o 3 veces, sacándole los pellejos, espinas y partiéndolo en trozos pequeños. Póngase el agua en la olla y cuando hierva agréguense el arroz y bacalao. Tápese.

Cuando el vapor salga por la válvula de escape, póngase el indicador de presión, siguiendo las instrucciones de su olla. Al marcar 15 libras de presión, rebájese el calor y cocínese 8 minutos. Transcurrido este tiempo, aparte la olla del fogón, enfríela con agua, y sirva el arroz.

USE SIEMPRE LA TAZA Y CUCHARITAS DE MEDIR PARA LA CONFECCION DE LAS RECETAS DE ESTE LIBRO

RECETA PARA ARROZ BLANCO

IMPORTANTE: Para que el arroz blanco quede desgranado debe dejarse reposar, tapado, unos minutos antes de servirse.

ADVERTENCIA: Para cocinar arroz en la olla de presión debe ser de superior calidad, el arroz de grano partido no cocina uniforme y queda, como suele decirse vulgarmente, "ensopado".

Debe lavarse el arroz en el mismo momento de echarse a la olla y escurrirse bien.

ARROZ BLANCO

INGREDIENTES:

1 taza de arroz

1½ tazas de agua hirviendo.

2 cucharadas de jugo de limón.

1 diente de ajo.

1 cucharada de manteca líquida.

1 cucharadita de sal.

INSTRUCCIONES: Se pone en la olla el agua agregándole todos los ingredientes menos el arroz, que deberá lavarse y echarse cuando el agua esté hirviendo.

Tápese la olla cuando el vapor salga por la válvula, y póngase el indicador de presión siguiendo las instrucciones de la marca de su olla.

Al marcar cinco libras de presión redúzcase el calor y cocínese cinco minutos, transcurrido dicho tiempo retírese la olla de la cocina y déjese enfriar lentamente (sin sacarle la válvula(por espacio de cinco o seis minutos a fin de que el arroz se desgrane, después de ese tiempo puede destaparse la olla revolviendo el arroz con un tenedor, y quedará listo para servirse.

TEL.: 374-0877

C.F.C. *offset printers*

IMPRESOS AL MINUTO • IMPRESOS EN GENERAL

ANA TOMEU MILLER
MARIA A. MIER

340 N. E. 2nd AVENUE
MIAMI, FLA. 33132

ARROZ A LA MARINERA

INGREDIENTES:

- 1 hojita de laurel.
- 2 cucharaditas de sal.
- ½ taza de petit pois (conserva).
- ¼ cucharadita de azafrán
- 1 taza de cebolla partida en ruedas.
- 2 tazas de arroz
- 3 tazas de líquido.
- 6 cucharadas de vino
- 2 tazas mariscos (conserva o naturales).
- 1 libra de pescado (masa)
- 1 lata de pimientos morrones.
- 8 cucharadas de aceite de oliva.

INSTRUCCIONES: Caliéntese la olla vacía y destapada a fuego vivo 5 minutos, échese el aceite y demás ingredientes menos el agua y arroz. Hágase un buen sofrito, échese el agua con el azafrán diluido y machacado, incluyendo en ella el líquido que tiene la conserva de petit pois y los pimientos en conserva. Si el arroz se hiciese con mariscos naturales debe cocinarlos previamente en la olla de presión 5 minutos y el agua donde se cocinaron cuélese y utilícese para el arroz.

Cuando hierva el agua, échese el arroz, revuélvase, tápese la olla. Al salir el vapor por la válvula de escape, póngase el indicador de presión, rebájese el calor lo más posible, cocínese 8 minutos. Transcurrido este tiempo, apártese la olla del fogón y enfríese enseguida sumergiéndola en agua y déjese el arroz unos minutos en la olla antes de servirse.

ARROZ CON JAMON

INGREDIENTES:

- 1 hoja pequeña de laurel
- 1 taza de arroz
- ¼ libra de masa de jamón
- ½ cucharadita de pimentón.
- 4 cucharadas de puré de tomate.
- 2 cucharadas de manteca.
- 2 pimientos picados.
- 6 cucharadas de vino
- ½ cucharadita de sal.
- 1 cucharadita de azafrán.
- 1 cebolla mediana picada.
- 1½ tazas de agua.
- Si se le agrega un cubito de caldo le da un sabor delicioso.

INSTRUCCIONES: Se caliente la olla, echándose la grasa, después todos los condimentos, menos el tomate. Se dora ligeramente el jamón y después se le echa el puré de tomate para sofreírlo. Se pone el arroz y se resuelve bien con el sofrito, agregándole agua.

Póngase el líquido incluyendo el vino y el laurel, que no debe ser más de la medida, y desliase el azafrán. Tápese la olla. Cuando el vapor salga por la válvula de escape, póngase el indicador de presión, siguiendo las instrucciones de su olla. Al marcar 15 libras de presión, rebaje el calor, y cocínese 8 minutos. Pasado este tiempo, aparte la olla y enfríese con agua enseguida.

ARROZ CON SALCHICHAS

INGREDIENTES:

- 1 taza de arroz
- 1½ taza de caldo de sustancia
- 3 cucharadas puré de tomate.
- 1 lata de salchichas.
- 2 pimientos morrones o ajíes verdes (pimientos).
- 6 cucharadas de vino seco
- 2 cucharadas de aceite de oliva.
- 1 diente de ajo.
- 2 cucharadas de manteca.
- 1 hojita de laurel.
- 1 cucharadita de sal.
- 1 latica de petit pois.
- cantidad de nuez moscada y pimienta molida que pueda cogerse con la punta de dos dedos.
- ½ taza de cebolla picada
- ¼ cucharadita de azafrán tostado.

INSTRUCCIONES: Se calienta la olla y se fríen en ella los aliños y cuando estén ligeramente dorados se agregan las salchichas y el arroz.

Póngase taza y media de caldo de sustancia o caldo un cuadradito disuelto en el agua indicada en la receta, incluyendo el líquido que tienen las salchichas, el petit pois y el que viene con los pimientos morrones, más 6 cucharadas de vino seco, agregándose todo el arroz. Tápese la olla, cuando el vapor salga por la válvula de escape, póngase el indicador de presión, siguiendo las instrucciones de su olla; cuando marque 15 libras de presión, rebaje el calor y cocínese 10 minutos.

Transcurrido este tiempo, saque la olla del fogón y enfríela enseguida, con agua, y déjese el arroz por unos minutos en la olla antes de servirse.

USE SIEMPRE LA TAZA Y CUCHARITAS DE MEDIR PARA LA CONFECCION DE LAS RECETAS DE ESTE LIBRO

ARROZ AMARILLO CON MAIZ TIERNO

INGREDIENTES:

1 taza de maíz tierno en grano (conserva).
2 tazas de arroz

¼ cucharadita de azafrán tostado.
1 hoja de laurel.
8 cucharadas de manteca.
1 pizca de comino.
4 ajíes grandes (pimientos)

1 libra de tomates naturales.
2 cucharadas de tocino picadito.
1 cucharada de sal.
1 taza de cebolla bien picadita.
2 dientes de ajos machacados.
2 cucharadas de perejil bien picado.
3 tazas de agua.

INSTRUCCIONES: Caliéntese la olla vacía y destapada, 5 minutos. Echense la manteca y el tocino, cuando éste se dore agréguense los demás ingredientes, haciendo un buen sofrito, pónganse el agua y el maíz y cuando hierva lávese el arroz y échese, revuélvase bien, tápese la olla. Al salir el vapor por la válvula, colóquese el indicador de presión, según las instrucciones de su olla. Al marcar 15 libras de presión, rebájese el calor lo más posible y cocínese 10 minutos a esas 15 libras de presión. Transcurrido ese tiempo, apártese la olla del calor, sumérjase en agua fría. Si no sale vapor por la válvula destápela, revuelva el arroz y sírvalo, puede sustituirse la conserva, por maíz desgranado y cocinado con una taza de agua dentro de la olla. 15 minutos en 15 libras de presión.

ARROZ AMARILLO CON BONITO

INGREDIENTES:

1 libra de arroz

3 tazas de agua.
1 lata de pimientos morrones o 2 ajíes de ensalada.
4 cucharadas de aceite de oliva.
1 taza de cebolla picada.

6 cucharadas de puré de tomate.
1 cucharada de pimentón.
2 cucharaditas de sal.
2 cucharadas de vino

1 hoja de laurel.
2 dientes de ajos.

INSTRUCCIONES: Caliéntese la olla vacía 4 minutos. Echese el aceite, cebolla y ajo. Agréguese el tomate, laurel, pimentón y el arroz. Revolviéndolo bien con esta salsa, échesele el bonito en conserva con la salga que tenga, bien sea aceite o tomate, pónganse 3 tazas de agua hirviendo en la que se habrá disuelto la sal, azafrán y agregando el coñac o vino, tápese la olla. Cuando salga vapor

por la válvula de escape, póngase el indicador de presión, siguiendo las instrucciones de su olla. Al marcar 10 libras de presión, rebaje el calor, cocínese durante 10 minutos. Transcurrido este tiempo, aparte la olla del calor, enfríela con agua, cuando no salga vapor por la válvula de escape, ábrala, adorne el plato con pimientos morrones, al servirlo.

ARROZ A LA MILANESA

INGREDIENTES:

- 2 tazas de arroz
- 1 lata de anchoas en conserva.
- 1 taza de jamón picado.
- 1 taza de cebolla picadita.
- ½ taza de queso parmesano rallado.
- ¼ de taza de mantequilla
- 2 tazas de caldo de gallina o 2 cuadraditos de caldo concentrado disuelto en taza y media de agua.

INSTRUCCIONES: Se calienta la olla de presión vacía y destapada, unos minutos, échese la mantequilla y las anchoas aplastándolas hasta hacer una pasta, agréguesele la cebolla y el jamón, sofriéndolo todo ligeramente y a fuego lento, y añadiéndole el arroz a esta mezcla friéndolo un poco hasta que absorba la sumedad del mismo unos minutos, agréguese el caldo o agua.

Tápese la olla, cuando el vapor comience a salir por la válvula, póngase el indicador de presión, según sea la marca de su olla. Al marcar 10 libras de presión, cocínese 10 minutos, transcurridos los cuales se aparta la olla del calor y se sumerge en agua para enfriarla rápidamente. Una vez destapada la olla, sáquese el arroz y deposítese en una tartera de barro o cristal resistente al calor cubriéndolo con el queso rallado. Calóquese el horno a una temperatura de 275 grados F. hasta que se dore la superficie del arroz un poco. Sírvase en la misma tartera.

ARROZ AMARILLO CON VEGETALES

INGREDIENTES:

- 1 hoja de laurel.
- 1 taza de arroz
- 2 cebollas grandes picaditas.
- 1 ají grande picado a lo largo en 6 partes.
- ½ taza de puré de tomate.
- 1 ajo machacado.
- 1 cucharada de pimentón.
- ¼ libra de col.
- 1 manojo de habichuelas
- 1 taza de calabaza picada.
- 1 cucharadita colmada de sal.

2 cucharadas de jugo de limón.
4 cucharadas de aceite de oliva.
½ libra de zanahorias.
1½ tazas de agua.
¼ cucharadita de azafrán tostado.

INSTRUCCIONES: Se calienta la olla vacía y destapada 3 o 4 minutos, echándole el aceite, la cebolla, ajo y puré de tomate, arroz y vegetales previamente lavados y picados en pedacitos pequeños. Póngasele la taza y cuarto de agua hirviendo, sal y pimentón, por último el zumo de limón y azafrán. Tápese la olla.

Cuando el vapor salga por la válvula de escape, póngase el indicador de presión, siguiendo las instrucciones de su olla. Al marcar 15 libras de presión, rebaje el calor y cocínese 10 minutos.

Transcurrido este tiempo, apártese la olla, enfríese con agua y déjese el arroz 5 minutos dentro de la olla, antes de servirse.

ARROZ AMARILLO CON CAMARONES

INGREDIENTES:

2 libras de camarones frescos.
1 libra de arroz

1 pimiento grande picado a lo largo.
8 o 10 tomates naturales.
1 diente de ajo machacadito.

10 cucharadas de aceite de oliva.
1 cebolla grande.
2 cucharaditas colmadas de sal.
1 cucharadita de azafrán.
Pimienta, la que pueda cogerse con dos dedos.
8 cucharadas de vino
3 tazas de agua.

INSTRUCCIONES: Lávense los camarones, pónganse a cocinar en la olla de presión, echándole cuando el agua esté hirviendo una taza de agua, tápese con la tapa al revés 2 o 3 minutos, hasta que tengan un color rosado.

Apártese la olla del fogón y cuélese el líquido donde se cocinaron por una servilleta, para añadir al arroz. Pélense los camarones.

Póngase la olla vacía y destapada en el fogón; a los 5 o 6 minutos, échesele el aceite, dórese la cebolla, ajo, ají, échese el arroz revolviéndolo, a continuación los tomates bien picaditos, sin semilla y los camarones, revuélvase todo bien para que el arroz coja bien el gusto de la salsa y de los camarones. Echense las 3 tazas de líquido en el cual se incluirá el agua donde se cocinaron los camarones, 8 cucharadas de vino y 2 cucharaditas colmadas de sal. (El líquido tiene que agregársele hirviendo). También échese el laurel, azafrán y el ajo.

Tápese la olla, cuando el vapor salga por la válvula de escape, póngase el indicador de presión, siguiendo las instrucciones de su olla. Cuando marque 15 libras de presión rebaje sl calor, cocínese 7 minutos, y deje que baje la presión. Transcurrido este tiempo, ábrase la olla, sírvase el arroz, y adórnese con tiritas de pimientos morrones.

Directorio Familiar de la Colonia Cubana

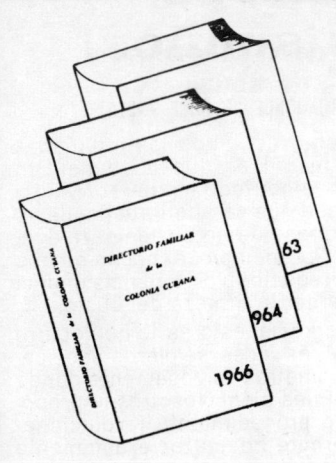

MARIO GARCIA-SERRA, Editor-Director

ANUNCIA LA PUBLICACION DEL "CUARTO LIBRO"

- El primero en el exilio y más completo Directorio de las Familias Cubanas residentes en distintas partes del Mundo preferentemente Puerto Rico y Miami.
- Detallada compilación por grupos de familias, incluyendo sus profesiones y actividades actuales con direcciones y número de teléfonos particular y del negocio.
- Util para la localización y contacto de amistades familiares y envío de invitaciones, avisos, propaganda y para otros usos de consultas.
- Cientos de bellas fotografías y paisajes de Cuba.
- Histórico recuento pormenorizado de todos los participantes en la heróica Invasión de Playa Girón con la Bandera y Escudo a una página a todo color, de la Brigada 2506 y la relación de sus integrantes, personal naval, etc., etc.

Cerca de 600 páginas - Impresión Offset - Medida 8½ x 11.

MAGNIFICA ENCUADERNACION DE BIBLIOTECA

ADQUIERA RAPIDO SU EJEMPLAR!   EDICION LIMITADA!

PUEDE SER EL ULTIMO QUE SE EDITE, POR UN PRONTO REGRESO

Precio del Ejemplar: **$ 10.00**

Remita Check o Money Order a nombre de:

DIRECTORIO FAMILIAR"
G. P. O. Box 3804
San Juan, P. R. 00936

En Puerto Rico puede pedirlo llamando al teléfono 725-0466

A la venta desde ENERO 15 de 1969

¡Modele usted misma el cuerpo de sus sueños!

¡ADELGACE JUSTO DONDE LE HACE FALTA!

El inconveniente de todos los regímenes de adelgazamiento es que no tienen un efecto uniforme por todo el cuerpo. Muy a menudo sucede que se adelgaza donde no hace falta y otras que no se adelgaza donde se desea. Por ejemplo, el hecho de que usted quiera reducir su cintura no significa que desee perder la firmeza del busto.

Pero, por desgracia, ésto es lo que ocurre la mayoría de las veces: se pierde peso pero no los centímetros forzosamente donde se deseaba. ¡Pues bien! Nosotros le proponemos hoy un procedimiento revolucionario que le permite adelgazar exactamente donde le hace falta.

¡Aún mejor! este procedimiento no implica ninguno de los inconvenientes de todos los demás regímenes; el hambre, en primer lugar, los ejercicios físicos agotadores para todos aquellos que no están acostumbrados y también las fastidiosas y costosas sesiones de masajes en los los Institutos de Belleza.

Este método, que hace innecesarios todos los demás regímenes, ha sido posible gracias a uno de los más recientes descubrimientos de la ciencia: se trata de la vibración electrónica que produce un masaje suave y sin embargo mucho más poderoso que los masajes manuales.

Beneficios del cojín vibrador

- Pérdida de peso
- Centímetros de menos
- Vientre plano
- Caderas armoniosas
- Muslos torneados
- Piernas descansadas y elegantes
- Una cintura tan breve como desee
- Tobillos delgados
- Cuello gracioso y sin papáda
- Silueta esbelta
- Relajación total

Importadora y distribuidora exclusiva en Estados Unidos, Puerto Rico e Islas Vírgenes, Sra. María Teresa Cotta, 121 S. E. 1st. Street, Apto. 918 Langford Bldg. Miami, Fla. 33131, Tel. 377-0108
Ave. Ponce de León 855, Piso 4to. Apto. 7, Miramar, Parada 11 Puerto Rico, Tel. 723-5818.

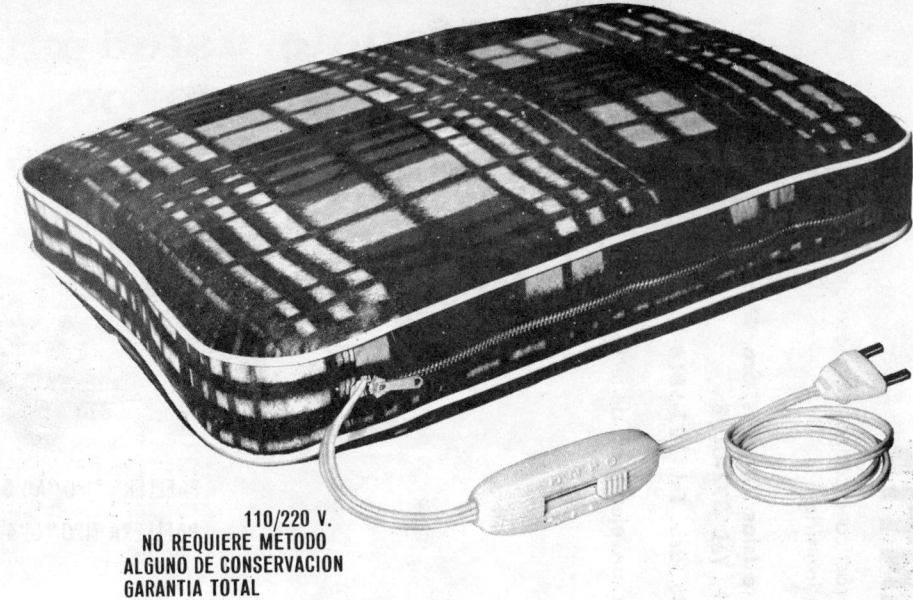

**110/220 V.
NO REQUIERE METODO
ALGUNO DE CONSERVACION
GARANTIA TOTAL**

Ya no existe razón alguna para que siga usted conservando esa silueta tan deformada y afeada por la grasa. Este nuevo invento científico hará maravillas para usted si se decide a adelgazar, a embellecer su cuerpo, a suprimir esos centímetros y kilos que le sobran, aliviando al mismo tiempo sus dolores, el cansancio y los nervios. Gracias al Cojín Vibrador Electrónico, usted misma controlará la pérdida de peso de acuerdo con sus deseos, sin esfuerzos, sin cansarse . . . sin necesidad de desnudarse. El dispositivo de tres velocidades permite regular la intensidad del adelgazamiento según su criterio y necesidades. Este prodigioso aparato se usa ya en hospitales, clínicas, por médicos y especialistas. Toda su familia disfrutará al mismo tiempo que usted de sus numerosos efectos beneficiosos.

LA ELECTRONICA AL SERVICIO DE LA BELLEZA

Se ha observado, efectivamente, que solo unos momentos de movimientos vibratorios electrónicos, aplicados sobre una masa de grasa, consiguen reabsorberla milímetro a milímetro. Partiendo de esta comprobación, unos técnicos suizos fueron los primeros en idear y en poner a punto el Cojín Vibrador Eléctrico, verdadero «masajista particular a domicilio».

¿Por qué un cojín?

Porque es la forma más práctica y que mejor se adapta a todas y a cualquier parte del cuerpo.

El Cojín Vibrador Electrónico se aplica localmente.

— si desea perder cintura, apliquéselo primero sobre el vientre y después los riñones;
— si quiere adelgazar de hombros, utilícelo como una almohada;
— para hacer desaparecer la papada, basta con que la apoye sobre el Cojín;
— para reducir el contorno de los muslos, lo único que tiene que hacer es sentarse encima.

LA OPINION DE LOS MEDICOS

Los mismos médicos recomiendan ampliamente el uso del Cojín Vibrador Electrónico tanto en los casos que necesitan un adelgazamiento localizado como cuando solo se trata de aliviar la mayoría de los dolores ya sean o no crónicos.

Por ejemplo, un médico suizo, el Dr. Biedermann ha escrito dos libros dedicados a las vibraciones electrónicas: «El Cojín Vibro-masajista» y «Vibro-masajes electrónicos». En Francia, el Dr. Meyer ha escrito un folleto sobre este tema, titulado «Un método radical para adelgazar y suprimir los dolores: las electro-vibraciones».

Incluimos la publicación del Dr. Meyer, si lo lee con atención comprenderá fácilmente como al influir sobre la circulación sanguínea y sobre el metabolismo de los músculos, la beneficiosa acción del Cojín Vibrador Electrónico se extiende de forma, a la vez, natural y milagrosa a todos los órganos y tejidos del cuerpo humano.

arin

5 AÑOS DE GARANTIA

es la garantía que Arin le ofrece en sus ollas a presión, pero en la práctica alcanza mucho más; ya que su duración —con un cuidado normal— es indefinida.

Importadora y distribuidora exclusiva en Estados Unidos, Puerto Rico e Islas Vírgenes, Sra. María Teresa Cotta, 121 S.E. 1st Street, Apt. 918 Langford Bldg. Miami, Fla. 33131. Tel. 377-0108
Ave. Ponce de León 855, Piso 4to., Apto. 7, Miramar, Parada 11, Puerto Rico. Tel. 723-5818.

Los compradores de la Olla de Presión ARIN, serán obsequiados con un ejemplar de este libro.

PAELLERA TIPO "A" 3 LITROS
PAELLERA TIPO "C" 4 LITROS

OLLA TIPO "P" 5 LITROS

OLLA TIPO "B" 6 LITROS

OLLA TIPO "M" 7 LITROS

VIANDAS Y VEGETALES GUISADOS Y EN ENSALADA

VENTAJAS DE LAS VIANDAS Y VEGETALES COCINADOS A VAPOR

La cantidad mínima de agua usada por el sistema de cocción en olla de presión, es de suma importancia en el proceso de cocinar viandas y vegetales a vapor. El color de los mismos, la apariencia y el sabor, tienen una característica especial que a simple vista se observa.

El sabor es exquisito, y las vitaminas tienen la cantidad más insignificante de pérdida. Otra ventaja que ofrece este procedimiento, es que después de apartada la olla y bajada la presión por el agua, teniendo la tapa cerrada herméticamente y puesta la válvula, se conserva su contenido caliente durante veinte o veinticinco minutos. (Esto se hace sólo con las viandas).

CALABAZA COCINADA A VAPOR
(Receta básica,

Córtese la calabaza en pedazos pequeños, sacándole bien toda la semilla; póngase la parrilla en la olla con media taza de agua; colóquese la calabaza con la cáscara hacia arriba, y tápese la olla. Cuando el vapor salga por la válvula de escape, ponga el indicador de presión, de acuerdo con las instrucciones de su olla, al marcar las 15 libras, rebaje el calor y cocine la vianda durante 10 minutos a esa misma presión. Transcurrido este tiempo aparte la olla del calor, y al no salir vapor la válvula de escape, destápela. Si lo desea, cuando baje la olla del calor puede enfriarla con agua enseguida.

Saque la cabeza y despréndala de la corteza. Esta es la receta básica para los preparados de calazada en frituras, puré, ensalada, papas, etc.

YUCA COCINADA EN LA OLLA DE PRESION

INGREDIENTES:

1 libra de yuca. $\frac{1}{2}$ cucharadita de sal.
2 tazas de agua.

INSTRUCCIONES: Después de bien lavada la yuca y pelada, se pone partida en pedazos con la sal y el agua en la olla. Tápela cuando el vapor salga por la válvula, ponga el indicador de presión de acuerdo con las instrucciones de su olla. Al marcar 15 libras de presión, rebaje el calor y cocine la yuca por espacio de 10 minutos si es pequeña, y de 15 minutos si es grande. Transcurrido este tiempo, aparte la olla del calor y deje que la presión baje lentamente. Cuando no salga vapor por la válvula de escape, destape la olla y sáquele toda el agua. Haga una mezcla con: 4 cucharadas de manteca líquida, 2 cucharadas de zumo de naranja agria y un ajo machacado. Este mojo se echa sobre la yuca, que estará partida en trozos largos dentro de la olla, después de haberle sacado el agua en donde se cocinó la yuca. Se tapa y se deja unos minutos, para que con el calor absorba bien el mojo.

Si no hubiera naranja agria, el zumo de 1 limón y de 1 naranja dulce se mezclan y se consigue un sabor semejante al de la naranja agria.

MALANGA COCINADA A VAPOR

INGREDIENTES:

1 libra de malanga. $\frac{1}{4}$ cucharadita de sal.
$\frac{1}{2}$ taza de agua.

INSTRUCCIONES: Se coloca la malanga pelada y partida en ruedas en la olla, con la parrilla puesta previamente, agregándose agua y sal. Se tapa la olla y cuando salga vapor por la válvula de escape, se pone el indicador de presión de acuerdo con las instrucciones de la marca de la olla. Al señalar las 15 libras de presión se rebaja el calor y se deja cocinar la vianda durante 10 minutos. Transcurrido este tiempo, aparte su olla del calor y enfríela enseguida con agua. Saque el indicador de presión, y si no sale vapor por la válvula de escape, destápela, escúrrale el agua y téngala tapada hasta la hora de servir.

MODIFICACIONES A ESTA RECETA: Se puede partir en ruedas la malanga, una vez cocinada, envolviéndola en huevo batido, pan rallado y perejil picadito, y friéndola en manteca bien caliente, o hacerse puré agregándole leche y mantequilla en la proporción indicada en la receta de puré de papas, página 40.

Los vegetales retienen la más alta cantidad de Vitamina B cuando se cocinan al vapor y se comen inmediatamente.

BONIATOS A VAPOR

INGREDIENTES:

2 libras de boniato.
¼ cucharadita de sal.

1 cucharada de mantequilla
½ taza de agua.

INSTRUCCIONES: Lávense los boniatos enteros sin pelar en varias aguas, y límpiense con un cepillo propio para vegetales.

Pártanse a la mitad, cortándolos a lo largo, y échense la ½ taza de agua en la olla de presión; colóquese la parilla; pínchense los boniatos con la punta de un cuchillo por donde se cortaron, poniéndoles pequeñísimas porciones de mantequilla Colóquense todos en la parilla con la corteza hacia abajo. La sal se le agregará al agua depositada en el fondo de la olla.

Tápese la olla y cuando el vapor salga por la válvula de escape, póngase el indicador de presión y al marcar 15 libras redúzcase el calor inmediatamente y cocínense los boniatos a esa misma presión durante 10 minutos. Transcurrido este tiempo, apártese la olla del fogón y déjese que la presión baje sola. Esta vianda se conservará caliente fuera del calor, si está tapada la olla y puesta la válvula, de 25 a 30 minutos.

PLATANOS PINTONES A VAPOR

INGREDIENTES:

½ taza de agua.

2 plátanos pintones.

INSTRUCCIONES: Pélese el plátano y pártase en 4 partes. Colóquese la parilla en la olla y póngase en ella el agua y los plátanos. Tápese la olla, y al iniciarse la salida del vapor por la válvula (debido a la poca cantidad de líquido que llevan los plátanos no se deje salir el vapor más que lo indispensable) póngase el indicador de presión, y cuando marque 15 libras rebájese el calor inmediatamente y cocínese 10 minutos a esa misma presión de 15 libras. Transcurrido ese tiempo apártese la olla del fuego, enfríese con agua y sírvanse los plátanos. Puede conservarse esta vianda caliente 20 minutos después de cocinada; pero en ese caso no debe enfriarse la olla, sino apartarla del calor y que baje la presión lentamente.

FUFU DE MALANGA

Una vez salcochada la malanga se maja bien en un mortero y se le unen 2 cucharadas de manteca caliente y ¼ cucharadita de sal, revolviéndola bien y sirviéndola enseguida. Puede pasarse por un colador de puré, y sustituir la manteca por mantequilla.

PLATANOS MADUROS A VAPOR

INGREDIENTES:

2 plátanos con la cáscara   ½ taza de agua.

INSTRUCCIONES: Echese el agua en la olla; colóquese la parrilla, póngase los plátanos y tápense. Cuando el valor salga por la válvula de escape, ponga el indicador de presión de acuerdo con las instrucciones de su olla y al marcar 15 libras de presión, rebaje el calor y deje cocinar la vianda 5 minutos. Aparte la olla del fogón y deje que baje la presión lentamente.

IMPORTANTE: Por cada plátano que se agregue hay que añadir ¼ de taza de agua, hasta 6 plátanos. Al pasar de esta cantidad, pueden cocinarse hasta 10 con la misma agua.

PURE DE YUCA

Se salcocha la yuca indicada en la receta anterior, pelada; se maja dentro de la olla de presión, bien caliente para que se aplaste bien, y sacándole los palitos que suele tener la yuca, ya se le pone el mojo anterior, pasándose entonces por un colador de puré.

IMPORTANTE: Si se aumentase la cantidad de yuca, añádase agua suficiente para cubrirla completamente.

ENSALADA DE BACALAO CON ÑAME

INGREDIENTES:

¼ libra de bacalao, puesto en remojo de 10 a 12 horas.
1 libra de ñame.

½ taza de cebolla partida en ruedas.
¼ taza de agua.
Vinagre

INSTRUCCIONES: Pélese el ñame y pártase en ruedas finas; sáquense el pellejo y las espinas al bacalao, y póngase después de desmenuzado en la olla de presión, con el agua y la cebolla y por último el ñame.

Tápese la olla, y cuando el vapor salga por la válvula de escape, póngase el indicador de presión de acuerdo con las instrucciones de la marca de la olla. Al indicar las 15 libras de presión, rebájese el calor y cocínese 10 minutos. Transcurrido este tiempo, apártese la olla del calor y déjese que la presión baje lentamente.

Destápese la olla cuando no salga vapor por la válvula de escape; échese todo en una fuente sin el agua en que se cocinó, y póngase aceite y vinagre según nuestro gusto.

ENSALADA DE VEGETALES

INGREDIENTES:

1 taza de zanahoria partida en trozos pequeños.
4 tazas de col partida en trozos pequeños.
1 taza de calabaza partida en trozos pequeños.
4 cucharaditas de perejil picadito.
½ taza de agua.
½ libra de papas partidas en trozos pequeños.

2 ajíes (pimientos) grandes, de ensalada partidos en lascas alargadas.
1 taza de cebolla en ruedas.
1 manojo de habichuelas partidas en pedazos de 1 pulgada.
1 cucharada de sal.
Aceite de oliva y vinagre a gusto.

INSTRUCCIONES: Después de preparado los vegetales en la forma indicada, póngase en la olla de presión la parrilla y échese el agua, e inmediatamente los vegetales, todos mezclados; póngase la sal repartiéndola bien por la superficie de los vegetales. Tápese la olla, y cuando el vapor salga por la válvula de escape, póngase el indicador de presión de acuerdo con las instrucciones de la olla. Al marcar las 15 libras de presión, redúzcase el calor y cocínese 10 minutos. Transcurrido ese tiempo apártese la olla y enfríe sumergiéndola en agua. Destápese la olla y sírvanse los vegetales agregándoles vinagre y aceite a la ensalada, según el gusto personal.

ENSALADA DE POLLO

INGREDIENTES:

1½ libras de masa de pollo cocido antes en olla de presión 10 minutos a 15 libras de presión y partido en 8 partes.
¼ taza de aceitunas rellenas cortadas en rodajitas.

2 cucharadas de jugo de limón.
½ cucharadita de sal.
1 taza de salsa mayonesa.
8 hojas de lechuga.
1 libra de papas cocidas y cortadas en cuadraditos.

INSTRUCCIONES: Agréguese el jugo de limón al pollo y déjese una hora en el refrigerador. Añádasele después las aceitunas, la sal y un poco de salsa mayonesa y las papas mezclándolo todo. Sírvase sobre hojas de lechuga. Se obtendrán 8 raciones, pudiéndose adornar con piminetos morrones, petit pois o espárragos en conserva.

ENSALADA DE AJI

INGREDIENTES:

- 6 pimientos de ensalada, grandes.
- 1/4 taza de agua.
- 1/4 cucharadita de sal.
- 1 cebolla grande.
- 4 cucharadas de aceite de oliva.
- 4 cucharadas de vinagre

INSTRUCCIONES: Póngase el 1/4 de taza de agua en la olla, y colóquese la parrilla. Pélese la cebolla y pártase en ruedas echándose en la olla. Lávense los ajíes y sáqueseles las semillas, poniéndolos también en la olla. Echese la sal bien repartida y tápese.

Cuando el vapor salga por la válvula de escape, póngase el indicador de presión siguiendo las instrucciones de su olla, y al marcar 15 libras de presión, redúzcase el calor y cocínese 5 minutos.

Transcurrido ese tiempo apártese la olla del calor y enfríese con agua. Cuando no salga vapor por la válvula, destápese. Saque los ajíes, quítenles el pellejo con cuidado y córtelos en lascas. Colóquense las cebollas encima de los mismos y sazónense con aceite y vinagre y 3 cucharadas del agua en que se cocinaron.

HABICHUELAS A VAPOR CON SALCHICHAS

INGREDIENTES:

- 1 manojo de habichuelas.
- 1/4 taza de agua.
- 1 cucharadita de sal.
- 4 cucharadas de vinagre

INSTRUCCIONES: Lávense y pártanse las habichuelas. Sumérjanse en agua con sal y manténganse en ella durante unos minutos. Echese el agua en la olla y colóquese la parilla. Pónganse las habichuelas arriba, previamente escurridas del agua donde estuvieron con la sal. Ciérrese la olla. Cuando el vapor salga por la válvula de escape colóquese el indicador de acuerdo con la marca de su olla, y al indicar 15 libras de presión reduzca el calor y cuente cinco minutos. Transcurrido este tiempo, aparte la olla del fuego y enfríela con agua. Destape la olla, coloque las habichuelas en una fuente y ya puede utilizarlas para ensalada sola o mezclada con otros vegetales para ensalada mixta. Añádanseles una lata de salchichas partidas en ruedas.

NOTA: Es importante sacar las habichuelas de la olla, enseguida si no pierden su color natural.

ADVERTENCIA: Es conveniente ponerle el aceite a las ensaladas cuando los vegetales están calientes; lo absorben mejor. El vinagre debe ponerse en el momento de servirse.

ENSALADA DE PESCADO CON GELATINA

INGREDIENTES :

1 taza de jugo de tomate.
1 cucharada de azúcar.
2 cucharadas de gelatina
½ taza de agua fría donde se cocinó el pescado.
3 cucharadas de vinagre
¼ taza de pimiento morrón picado.
1½ tazas de pescado cocido. Lechuga.
1 taza de petit pois.

INSTRUCCIONES: Cuézanse a fuego lento durante 5 minutos, el jugo de tomate y el azúcar. Ablándese la gelatina en agua fría (unos 5 minutos) y disuélvase en la mezcla caliente de tomate. Agréguese después el vinagre y déjese enfriar. Cuando la mezcla comience a espesarse, añádansele el pimiento y el pescado desmenuzado. Póngase en molde y enfríese hasta que se endurezca. Sáquese del molde (hay que sumergirlo un momento en agua caliente para desmoldarlo) y sírvase con lechuga.

MODIFICACIONES: Puede hacerse con mariscos en sustitución del pescado. Cocínese según las instrucciones en la olla de presión los mariscos o pescado, aprovechando el agua en donde se cocinaron para agregarle a la gelatina según se indica en la receta.

MACHUQUILLO DE PLATANO VERDE Y PINTON

INGREDIENTES:

½ taza de agua.
1 plátano verde.
1 plátano pintón.
½ libra de carne de puerco.
4 cucharadas de manteca líquida.

INSTRUCCIONES: Pélense los plátanos (debajo de la llave del agua abierta para evitar que se manchen las manos); córtense en pedazos pequeños de una pulgada, y pónganse en la olla de presión, ya provista de la parrilla y conteniendo el agua. Tápese la olla, y cuando el vapor comience a salir por la válvula de escape, póngase el indicador de presión de acuerdo con las instrucciones de la olla. Al marcar las 15 libras de presión, rebaje el calor y deje los plátanos cocinándose durante 10 minutos. Pasado este tiempo, aparte la olla de calor y enfríela con agua. Saque el indicador de presión, y si no sale vapor por la válvula de escape, destape la olla, escúrrale el agua y agréguele un sofrito de la masa de puerco bien frita en pedazos pequeños y con un ajo machacado. Así preparada la carne de puerco únase a los plátanos, machacándolos y dejándolos un rato al calor.

PLATANOS CON MANTEQUILLA

INGREDIENTES:

- 2 plátanos maduros.
- ½ taza de agua.
- ¼ cucharadita de canela.
- 1 cucharada de mantequilla

INSTRUCCIONES: Córtense los dos extremos de los plátanos; désele un corte a la cáscara de cada plátano al largo del mismo; úntese cada uno con mantequilla y canela; depósítense en su misma cáscara, cerrándola con palillos de dientes y colóquense en la parrilla de la olla, echando en la misma el agua indicada en la receta. Tápese la olla, y cuando el vapor salga por la válvula de escape póngase el indicador de presión siguiendo las instrucciones de la marca de la olla. Cuando tenga las 15 libras de presión redúzcase el calor y cocínese durante 5 minutos. Transcurrido este tiempo, aparte la olla del calor y deje que la presión baje lentamente.

COL CON JAMON

INGREDIENTES:

- 1 libra de col.
- 4 cucharadas de aceite.
- 3 cucharadas de jamón.
- ¼ taza de agua.
- ½ libra de papas.
- 1 cucharada de pimentón.
- ¼ taza de cebolla.
- 2 dientes de ajo machacados.
- 1 cucharadita de sal.

INSTRUCCIONES: Caliéntese la olla; póngase el aceite y dórense las cebollas y el ajo; échese el pimentón revolviéndolo enseguida y agréguense la col y las papas partidas en pedacitos pequeños, el jamón, el agua y la sal, revolviéndolo todo bien.
Tápese la olla. Cuando el vapor salga por la válvula de escape, póngase el indicador de presión de acuerdo con las instrucciones de su olla, y al tener la marca de 15 libras de presión, rebájese el calor y cocínese 10 minutos. Transcurrido ese tiempo aparte la olla y enfríela con agua.

ACELGAS SALTEADAS

INGREDIENTES:

- 1 manojo de acelgas.
- 2 cucharadas de aceite de oliva.
- 1 diente de ajo machacado.
- 5 cucharadas de agua.
- 1 cucharadita de sal.

INSTRUCCIONES: Lávense las acelgas en varias aguas y pártanse en pedazos medianos, sumergiéndolas en agua y sal. Póngase la olla con las 5 cucharadas de agua y la parrilla, échese las acelgas. Tápese la olla, y cuando salga el vapor por la válvula de escape, póngase el indicador de presión conforme a las instrucciones de su olla. Cuando alcance las 15 libras de presión, apártese la olla del fuego y déjese que baje la presión lentamente.

Fríase el ajo machacado; échesele a la acelga conjuntamente con el agua de la cocción. Tápese y déjese un rato al calor antes de servirse.

Al agua donde se cocinaron las acelgas se le pueden agregar 2 cucharaditas de leche y 1 de harina tostada, haciéndose una salsa muy nutritiva. Sírvanse las acelgas con esta salsa.

ACELGA CON HUEVO

INGREDIENTES:

2 manojos de acelgas.
1 huevo.
1 diente de ajo.

4 cucharadas de aceite.
$1/4$ cucharadita de sal.
4 cucharadas de agua.

INSTRUCCIONES: Lávese bien la acelga y échesele la sal. Caliéntese la olla un momento y échesele el aceite y fríase el ajo machacado; sáquese el ajo y échese la acelga y las 4 cucharadas de agua.

Tápese la olla. Cuando comience a salir el vapor, póngase el indicador de presión del modo que explican las instrucciones de su olla. Cuando no salga vapor por la válvula, destápela. Bata el huevo y échelo por arriba a la acelga, revolviéndola hasta que se cuaje. Sírvase.

HABICHUELAS EN SALSA DE TOMATE

INGREDIENTES:

2 manojos de habichuelas.
$1/2$ taza de puré de tomate.
3 cucharadas de aceite.

2 cucharadas de vinagre
$1/2$ cucharadita de sal.
$1/4$ taza de cebolla picadita.

INSTRUCCIONES: Píquense las habichuelas y ténganse en agua con sal unos minutos; pónganse todos los ingredientes en la olla y las habichuelas. Tápese. Cuando el vapor salga por la válvula de escape, póngase el indicador de presión del modo que indican las instrucciones de su olla. Al marcar 15 libras de presión, rebájese el calor y cocínese 5 minutos. Pasado este tiempo, aparte la olla del fuego y enfríela sumergiéndola en agua, para que baje la presión.

Saque las habichuelas de la olla y sírvase con su salsa. No deben dejarse dentro de la olla después de cocinadas.

GUISO DE CALABAZA

INGREDIENTES:

- 2 libras de calabaza.
- 1/4 taza de tomate.
- 4 cucharadas de mantequilla
- 2 cucharadas de pan tostado y rallado.
- 1/2 taza de cebolla en ruedas
- 2 cucharaditas de sal.
- 4 cucharadas de perejil.
- 1/4 cuharadita de pimienta.
- 1/4 taza de caldo de sustancia,

INSTRUCCIONES: Pélese la calabaza y pártase en trozos pequeños; colóquese en la olla con todos los ingredientes indicados en crudo, menos el pan. Tápese la olla. Cuando el vapor salga por la válvula de escape póngase el indicador de presión el calor y cocínese 8 minutos. Pasado este tiempo, aparte la olla del calor y deje que la presión baje sola. Espésese la salsa con pan rallado y tostado.

BERENJENA EN CAZUELA

INGREDIENTES:

- 4 cucharadas de agua.
- 2 berenjenas medianas.
- 4 cucharadas de aceite.
- 2 cucharadas de jamón.
- 1/2 taza de cebolla.
- 2 cucharadas de zumo de limón.
- 1 diente de ajo.
- 4 cucharadas de perejil.
- 1/2 cucharada de sal.
- 4 cucharadas puré de tomate.

INSTRUCCIONES: Caliéntese la olla vacia y destapada 4 minutos. Echese el aceite con todos los ingredientes picaditos, friéndolos ligeramente: pónganse el puré de tomate y el agua. Colóquense las berenjenas partidas en ruedas.

Tápese la olla. Cuando el vapor salga por la válvula de escape póngase el indicador de presión según las instrucciones de su olla. Al marcar las 15 libras de presión, rebaje el calor y cocínese 5 minutos. Pasado este tiempo, aparte la olla y deje que baje la presión lentamente.

COLIFLOR EN SALSA

INGREDIENTES:

1 coliflor grande, partida en pedazos medianos.
½ taza de puré de tomate.
2 cucharadas de jugo de limón.
6 cucharadas de aceite.
¼ cucharadita de nuez moscada rallada.
6 cebollas enteras, pequeñas.
1 cucharadita de sal.
1 diente de ajo.
1 cucharada de pimentón.
1 hoja de laurel.

INSTRUCCIONES: Caliéntese la olla vacía y destapada 5 minutos. Echense el aceite y el ajo, dórese este último y sáquese de la grasa. Echense las cebollas enteras, dorándolas, y a continuación el puré de tomate. Colóquense la coliflor, el laurel y la sal. La nuez moscada, disuelta en el tomate. Tápese la olla. Cuando el vapor salga por la válvula de escape, póngase el indicador de presión siguiendo las instrucciones de su olla. Al marcar 15 libras de presión redúzcase el calor y cocínese 10 minutos. Transcurrido este tiempo apártese la olla del calor y enfríese con agua.

PISTO CRIOLLO

INGREDIENTES:

1 libra de papas.
1 libra de zanahorias.
½ libra de col.
1 taza de petit-pois.
½ libra de calabaza.
1 libra de tomate.
8 cucharadas de aceite.
1 hoja de laurel.
1 cucharadita de sal.
4 cucharadas de perejil picado.
½ taza de cebolla picada.
½ taza de pimiento picado.
2 cucharadas de pimentón.
¼ taza de agua.
2 cucharadas de tocino picado.

INSTRUCCIONES: Caliéntese la olla vacía destapada 5 minutos. Echese la grasa y fríase la cebolla hasta dorarla; échese el tomate, pimentón y todos los demás ingredientes muy picaditos. Tápese la olla, y cuando el vapor salga por la válvula de escape, colóquese el indicador de presión siguiendo las instrucciones de su olla. Al marcar 15 libras, rebájese el calor; cocínese 10 minutos, y transcurrido este tiempo apártese la olla del calor y enfríese sumergiéndola en agua.

PAPAS CON HUEVO Y CREMA

INGREDIENTES:

2 libras de papas.
2 huevos.
½ taza de crema
3 cucharadas de perejil muy picadito.

2 cucharadas de cebolla muy picadita.
3 cucharadas de mantequilla
2 cucharaditas de sal.
8 cucharadas de agua.

INSTRUCCIONES: Pélense las papas y córtense en pedacitos cuadrados muy pequeños; pónganse en la olla el agua y las papas y todos los demás ingredientes; los huevos se agregarán batidos. Tápese la olla, y cuando el vapor comience a salir por la válvula de escape, póngase el indicador de presión de acuerdo con las instrucciones de su olla. Al marcar 15 libras rebájese el calor y cocínese 10 minutos; transcurrido ese tiempo apártese la olla del calor y enfríese con agua hasta bajar la presión.

ÑAME CON MOJO

INGREDIENTES:

1 libra de ñame.
1 cebolla mediana muy picadita en la máquina de moler utilizando la cuchilla más fina.
2 dientes de ajos machacados.

4 cucharadas de perejil, lo más picado que se pueda.
1 cucharada de jugo de naranja agria.
2 cucharadas de manteca

INSTRUCCIONES: Se pela el ñame, partiéndose en ruedas de media pulgada aproximadamente y se pone en agua con una cucharadita de sal; se echa en la olla de presión con agua suficiente para cubrirlo.

Tápese la olla y cuando el vapor salga por la válvula de escape, colóquese el indicador de presión siguiendo las instrucciones de su olla. Al marcar 15 libras de presión, rebaje el calor y cocínese 8 minutos. Transcurrido este tiempo, aparte la olla del calor y deje que la presión baje lentamente. En caso de urgencia, puede enfriarse la olla con agua y destaparla cuando no tenga vapor.

Escúrrase el agua del ñame, y hágase un mojo de la siguiente forma: póngase en un mortero la cebolla, ajo y perejil, machacándose hasta formar una pasta; agréguese la manteca lo más caliente posible y el jugo de naranja agria. Viértase este mojo sobre el ñame, que debe estar dentro de la olla, y déjese unos minutos al calor para que absorba bien el sabor del mojo.

AJIES RELLENOS

INGREDIENTES:

- 8 pimientos grandes de ensalada.
- ¼ libra de jamón.
- ½ libra de carne de ternera o vaca limpia de sebo.
- 1 taza de cebolla picada.
- ½ libra de tomate.
- 2 huevos.
- 20 alcaparras o aceitunas.
- 2 cucharadas de sal.
- 4 cucharadas de aceite.
- 2 cucharadas de perejil.
- ¼ taza de tomate.
- 3 cucharadas de harina.

INSTRUCCIONES: Pásense por la máquina de moler todos los ingredientes excepto los pimientos, el puré de tomate y la harina. Bátanse los huevos y únanse a esta mezcla, agregándoles una cucharadita de sal.

Sáquense las semillas de los ajíes (pimientos) partiéndolos lo menos posible; rellénense proporcionalmente con el picadillo y tápense dichos pimientos con un poco de harina.

Colóquese la parrilla en la olla; échese el puré de tomate; pónganse los ajíes con cuidado, con la parte del relleno hacia arriba; échese la sal a la salsa y añádase el aceite. Tápese la olla; cuando el vapor salga por la válvula de escape, póngase el indicador de presión siguiendo las instrucciones de su olla. Al marcar 15 libras de presión rebaje el calor; cocínese 10 minutos; transcurrido ese tiempo, enfríe rápidamente la olla sumergiéndola en agua, cuando no salga vapor por la válvula, destape la olla, sáquele el pellejo a los ajíes con mucho cuidado, y sírvalos con la salsa.

Santa Clara Pharmacy

con Precios Justos de Verdad!

SUS MEDICINAS Y RECETAS MEDICAS

DEPARTAMENTO DE REGALOS - DISCOS - JUGUETES

MONEY ORDERS

y puede pagar sus recibos de LUZ y TELEFONO

CALLE 8 Y 23 AVE. DEL S. W.   642-1855

'Donde hay de todo'   Pizarra Rotativa

¡Ah¡... y pregunte por ARTURITO!

PAPAS RELLENAS

INGREDIENTES:

- 6 papas grandes del mismo tamaño.
- ½ taza de caldo de sustancia disuelto en media taza de agua, un cuadradito.
- 1 cucharadita de azafrán
- 6 cucharadas de vino
- ¼ libra de carne de ternera picada en la máquina de moler.
- 2 onzas de tocino picado
- ¼ taza de puré de tomate.
- 6 cucharadas de galletas ralladas.
- 1 huevo.
- 1 taza de cebolla picadita.
- 1 pimiento grande.
- ¼ cucharadita de pimienta molida.
- 1 cucharadita de sal.
- 6 cucharadas de manteca o aceite.

INSTRUCCIONES: Pélense las papas y perfórese el centro de cada una cuidando de no llegar al fondo de la misma, désele un ligero corte en el fondo de la misma para que no se caigan. Rellénense con los siguientes ingredientes molidos y en crudo: tocino, carne, cebolla, pimientos y pimienta. Llénese el centro de las papas de esta mezcla. Bátase el huevo y mézclese con un poco de pan rallado, tapándose las papas por donde se rellenan. Colóquense las papas en la olla de presión con el relleno hacia arriba y échense los líquidos de la receta, laurel, sal, manteca y tomate. Tápese la olla y cuando el vapor salga por la válvula d eescape, colóquese el indicador de presión siguiendo las instrucciones de su olla. Al marcar 15 libras de presión rebaje el calor y cocínese 20 minutos si las papas son grandes, y 15 si son medianas. Transcurrido este tiempo aparte la olla del fogón y enfríese sumergiéndola en agua.

Sírvase con la salsa, que se podrá espesar más si se desea, con dos rebanadas de pan frito y molido.

PAPAS RELLENAS
(Otra fórmula)

INGREDIENTES:

- 2 libras de papas.
- 2 huevos.
- ½ taza de cebolla.
- 1 diente de ajo machacado.
- 3 cucharadas de mantequilla
- 2 cucharadas de zumo de limón.
- 1 taza de relleno (puede ser jamón o sobra de carne o pollo picado muy pequeñito.
- 4 cucharadas de perejil.
- 1 cucharadita de sal.
- ¼ cucharadita de pimienta.
- 1 pimiento.

INSTRUCCIONES: Pélense las papas, pártanse en pedazos pequeños y pónganse en la olla con ¼ taza de agua, encima de la parrilla. Tápese la olla; cuando el vapor salga por la válvula de escape póngase el indicador de presión siguiendo las instrucciones de su olla, al marcar 15 libras de presión rebaje el calor, cocínese 7 minutos. Transcurrido ese tiempo, aparte la olla y enfríela con agua. Cuando no salga vapor por la válvula destápela, saque las papas y aplástelas bien y páselas por el colador para purés; piquen por la cuchilla más finas de la máquina de moler cebolla, perejil, ají y el relleno. Póngase la grasa en una sartén a fuego lento con tres cucharadas de mantequilla. Fríanse la cebolla y los demás ingredientes ligeramente. Fórmense con la mano unas bolas de papas, colocando en el interior de las mismas una cucharada del relleno y tapándolas con la misma papa. Una vez formadas todas póngase la olla a calentar vacía y destapada 5 minutos y échese una libra de manteca; envuélvanse las papas en huevo batido y galleta rallada y fríanse cuando la grasa esté bien caliente. Una vez fritas colóquense en un recipiente donde puedan extenderse, poniendo debajo de ellas un papel de estraza, de modo que absorba la grasa que destilan las papas.

Manolito Beauty Salon

ESPECIALIDAD EN DESRICE DE PELO
Y PEINADOS DE PELUCAS

TEL. FR 3-9532
83 S. W. 8th STREET
MIAMI, FLORIDA

PURE DE PAPAS

INGREDIENTES:

½ taza de leche de vaca.   1 cucharadita de sol.
1½ libras de papas.
　　　　　　　　　　　　　¼ taza de mantequilla

INSTRUCCIONES: Pélense las papas, también pueden cocinarse sin pelar después de bien lavadas con un cepillo de vegetales lávense enteras: si son muy grandes se dividen en cuatro partes :si son medianas, por la mitad, y si son pequeñas se dejan enteras.

Se pone la parrilla en la olla y se le echa ½ taza de agua si la olla es de 6 litros; solamente ¼ si la olla es de 4 litros. Pónganse las papas encima de la parrilla y écheseles la sal.

Tápese la olla. Cuando el vapor salga por la válvula de escape, pónganse el indicador de presión de acuerdo con la marca de la olla. Al marcar las 15 libras de presión, rebájese el calor y cocínese 10 minutos.

Transcurrido este tiempo, apártese la olla del calor y déjese que la presión baje lentamente. Cuando no salga vapor por la válvula de escape, destápese la olla. Sáquese el agua donde se cocinaron las papas, dejando éstas en la olla. Echeseles la leche y la mantequilla aplastándolas bien con una cuchara de madera hasta formar una pasta. Pásense después por un colador de puré, dejándolas dentro de la olla de presión hasta el momento de servirlas, pues suelen enfriarse fácilmente. Déjese la olla tapada, ya que de esta manera se conserva caliente.

Esa salida imprevista, sin tiempo para ir a la peluquería, eso lo soluciona la peluca. Por eso Copa Wigs tiene todos los tonos de pelos y estilos para hacer de Ud. una distinguida dama en una ocasión especial. En el Hotel Leamington de Miami, visite Copa Wigs, donde Ud. no paga el lujo. COPA WIGS, la firma más acreditada en diseños y estilos, de todos los Estados Unidos.

Elodia Muñoz

COPA WIGs

107 N.E. 3rd Avenue　　Leamington Hotel, Miami, Fla.

RECETAS DE CARNES

Las carnes cocinadas en ollas de presión tienen un sabor especial (exquisito), se reducen menos, por el calor húmedo con que son cocinadas, y la poca cantidad de líquido o agua que necesitan.

CARNE CON PAPAS

INGREDIENTES:

- 1 libra de carne (jarrete o carne de ternera).
- 2 cebollas medianas.
- 2 dientes de ajo.
- 2 pimientos pequeños.
- 1 hoja de laurel.
- ½ taza de vino seco
- 1 taza de puré de tomates.
- 3 cucharadas de manteca o aceite.
- Orégano (la cantidad que se pueda coger con los dedos).
- 2 cucharaditas de sal.
- 2 libras de papas.

Con esta cantidad de ingredientes se obtienen 6 raciones.

INSTRUCCIONES: Caliéntese la olla vacía y destapada; si el fuego es vivo, 3 minutos; si es lento, 5 minutos. Echese la manteca, cebolla, ají y ajos y dórese ligeramente, agregándole el puré de tomate y sofriéndolo por espacio de 1 ó 2 minutos. Por último, la carne picada en trozos pequeños, mezclándola bien en la salsa. Echense enseguida las papas partidas, mezclándolas con la carne, e inmediatamente el vino, el orégano, el laurel y 2 cucharadas de agua.

Tápese la olla. Cuando el vapor salga por la válvula de escape, póngase el indicador de presión de acuerdo con las instrucciones de su olla, y cuando marque las 15 libras de presión, rebájese el calor y cocínese durante 20 minutos.

Pasado ese tiempo, aparte la olla del calor y deje que baje la presión lentamente.

CARNE ASADA

INGREDIENTES:

- 2 libras de carne de vaca o ternera entera.
- 1 diente de ajo.
- 1 hoja de laurel.
- ¼ cucharadita de orégano tostado.
- 2 cucharaditas de vinagre
- 2 cucharadas de agua.
- 4 cucharadas de cebolla picadita.
- 2 cucharaditas de vino seco
- 4 cucharadas de manteca.
- ¼ cucharadita de pimienta.
- 1 cucharadita de sal.
- 4 cucharadas de caldo de sustancia

INSTRUCCIONES: Se adoba la carne con el orégano, el ajo, el vinagre y la cebolla, y se deja en este adobo 1 ó 2 horas. Transcurrido este tiempo se le pone la sal. Se calienta la olla 5 minutos vacía y destapada; se pone la manteca y se dora la carne. Una vez dorada pínchese con la punta del cuchillo por varias partes de la misma y échesele el laurel, agua, vino, pimienta y demás ingredientes. Tápese la olla.

Cuando el vapor salga por la válvula de escape, póngase el indicador de presión siguiendo las instrucciones expresas que vienen con la olla. Tápese la olla y cuando se encuentren marcadas las 10 libras de presión redúzcase el fuego y déjese que la carne se cocine durante 30 minutos. Pasado este tiempo apártese la olla del calor y déjese que la presión baje lentamente.

BOLICHE MECHADO

INGREDIENTES:

- 2 cebollas grandes.
- 1 hojita de laurel.
- 1 chorizo.
- 2 onzas de tocino.
- 1 cucharada de jugo de limón.
- 3 libras de boliche de ternera (parte redonda y alargada de la res).
- 6 cucharadas de manteca.
- 2 cucharadas de aceite.
- ½ taza de vino Seco
- Jugo de 2 naranjas dulces.
- 2 cucharaditas de sal.

(Cantidad suficiente para 8 raciones.

INSTRUCCIONES: Caliéntese la olla 4 ó 5 minutos, vacía; échesele la manteca y el aceite; sofríase el boliche, que previamente se habrá mechado con el tocino y el chorizo. (Al mecharse debe pincharse la carne en distintas direcciones, con la punta del cuchillo, atravesando la misma).

Dórese la carne por todas partes, añadiéndole enseguida el vino, jugo de naranjas, laurel, las cebollas, enteras y ½ cucharadita de sal.

Tápese la olla; cuando el vapor salga por la válvula de escape, póngase el indicador de presión según las instrucciones de su olla, y cuando marque las 15 libras de presión, rebájese el calor y cocínese durante 45 minutos.

Pasado este tiempo, aparte la olla del calor y deje que la presión baje lentamente. Cuando no salga vapor por la válvula destape la olla, saque el boliche, pártalo en ruedas de ½ pulgada aproximadamente, espese la salsa con 1 cucharada de harina tostada y las cebollas que se le pusieron al boliche, pasadas por un colador. Sírvase el boliche con la salsa.

Puede mecharse el boliche con jamón o huevos duros. Esta receta puede hacerse también sin mechar la carne. Del mismo modo se le pueden mezclar al relleno aceitunas.

BISTECS A LA PLANCHA EN OLLAS DE PRESION
INGREDIENTES:

- 2 libras de carne palomilla, bola de tuétano o filete de ternera.
- 2 cucharadas de zumo de limón.
- ¼ cucharadita de pimienta blanca.
- 1 cucharada jugo de cebolla.
- 2 cucharaditas de perejil picado.
- 1 cucharadita de sal.
- 2 dientes de ajo bien machacados.

INSTRUCCIONES: Caliéntese la olla vacía y destapada 8 ó 10 minutos. Lávese la carne entera; córtese en 5 bistec; mácese bien para ablandarla; échense jugo de cebolla, perejil y ajo machacado; extiéndanse sobre la carne 2 cucharadas de aceite o manteca líquida, por ambos lados, con las manos. Una vez caliente la olla, échense los bistecs dorándolos por los dos lados, uno a uno, hasta que queden a gusto. Colóquense en una fuente y después de asados se les echa zumo de limón y sal; la sal se pone a última hora a fin de que los bistecs se conserven más jugosos y el limón también, se sirve en el momento de comer, pues endurece la carne poniéndolo antes.

Esta receta se hace con la olla de presión destapada.

USE SIEMPRE LA TAZA Y CUCHARITAS

DE MEDIR PARA LA CONFECCION

DE LAS RECETAS DE ESTE LIBRO

BISTEC ENROLLADO

INGREDIENTES:
- 2 libras de vaca o ternera de la llamada palomilla o bola de tuétano
- 2 onzas de jamón.
- 4 cucharadas de cebolla picadita.
- 1 diente de ajo, machacado.
- Sal a gusto.
- 2 cucharadas de vino seco,
- 2 cucharadas de agua.
- 4 cucharadas de manteca.
- 2 cucharadas de zumo de limón.
- 2 cucharadas de tocino picadito.

INSTRUCCIONES: Píquese menudita la cebolla y también el ajo machacado, mezclando las dos cosas. Las dos libras de carne divídanse en seis bistecs. Póngase el picadillo del jamón, el tocino y la cebolla repartidos en seis partes, en el centro de cada bistec. Désele la vuelta a cada uno en forma de enrollado, y sujétese con tres palillos de dientes.

Póngase a calentar la olla de presión vacía durante 5 minutos, échense las 4 cucharadas de la grasa líquida y dórense los bistecs. Agréguesele después agua, vino y zumo de limón, así como ¼ de cucharadita de sal a esta salsa.

Tápese la olla. Cuando el vapor salga por la válvula de escape, póngase el indicador de presión de acuerdo con las instrucciones de la olla, y al marcar ésta 15 libras redúzcase el fuego y cocínense los bistecs durante 15 minutos. Transcurrido este tiempo, aparte su olla del calor y deje que la presión baje lentamente.

BISTEC EN CAZUELA

INGREDIENTES:
- 1 libra de carne de ternera, partida en tres bistecs.
- 2 dientes de ajo.
- ¼ taza de cebolla en ruedas.
- ¼ cucharadita pimienta.
- 2 cucharadas de zumo de naranja agria.
- ½ hojita de laurel.
- 2 cucharadas de manteca.
- 1 cucharada de aceite.
- 3 cucharadas de puré de tomate.

INSTRUCCIONES: Sazónese la carne con los aliños todos a excepción del tomate; caliéntese la olla 3 minutos. Echese la grasa; dórese la carne rápidamente, no demasiado; añádanse las 3 cucharadas de puré de tomate, el jugo de la carne y la naranja.

Tápese la olla. Cuando el vapor salga por la válvula de escape colóquese el indicador de presión (de acuerdo con las instrucciones de su olla) y cuando marque 15 libras de presión reduzca el calor y cocine los bistecs durante 15 minutos. Transcurrido este tiempo, aparte la olla del calor y deje que la presión baje lentamente.

BOLICHE SIN MECHAR

INGREDIENTES:

3 libras de boliche.
2 cucharadas de vinagre
2 cebollas.
6 cucharadas de manteca o aceite.
2 cucharaditas de sal.
1 cucharada de pimentón
¼ cucharadita de orégano tostado.
2 pimientos grandes.
¼ taza de agua.
2 cucharadas de azúcar morena.
2 dientes de ajos machacados.

INSTRUCCIONES: Adóbese la carne con los ajos, la sal, el pimentón y el orégano, y téngase en ese adobo 2 ó 3 horas.

Caliéntese la olla vacía 8 minutos; échense la manteca y la carne sofriéndola por todas partes; agréguese el azúcar dorando bien la carne, y a continuación los ajíes muy picaditos, la cebolla y el agua con el vinagre.

Tápese la olla. Cuando el vapor salga por la válvula de escape, póngase el indicador de presión, siguiendo las instrucciones de su olla, y al marcar 15 libras de presión, repájese el calor y cocínese durante 25 minutos.

Pasado este tiempo, aparte la olla del calor y deje que baje la presión lentamente. Cuando no salga vapor por la válvula, destápela, corte la carne en ruedas, y si lo desea eche papas enteras, tapando de nuevo la olla. Al marcar 15 libras de presión, rebájese el calor y cocínese durante 40 minutos. Pasado este tiempo, aparte la olla y deje que baje la presión lentamente.

PICADILLO DE CARNE

INGREDIENTES:

1 libra de carne pasada por la máquina de moler.
¼ taza de cebolla.
1 diente de ajo.
½ cucharadita de sal.
8 tomates.
1 pimiento grande o 6 pequeños.
5 cucharadas de manteca.
¼ taza de aceitunas o alcaparras mezcladas.
¼ taza de tocino picadito.

INSTRUCCIONES: Caliéntese la olla vacía y destapada 4 minutos. Echese el tocino y manteca; cuando se dore el tocino agréguese el picadillo con los demás ingredientes pasado por la máquina de moler; revuélvase bien y fríase hasta que absorba la humedad de la carne y los aliños. Puede agregarse el picadillo papas picaditas en forma cuadrada y fritas. Se le puede agregar ¼ taza de pasas si se desea.

ALBONDIGAS
(1ra. Receta)

INGREDIENTES:

- 1 taza de puré de tomates
- ½ libra masa de puerco.
- ½ libra de carne de res.
- 2 huevos.
- 1 diente de ajo picadito.
- 2 cucharadas de cebolla picadita.
- 1 cucharadita de sal.
- 2 cucharadas de manteca.

INSTRUCCIONES: Se pican en la máquina la carne y los demás ingredientes, excepto los huevos. Una vez todo molido se le echa el huevo y se mezcla, formando con la mano las albóndigas, que se envuelven en un poco de harina para darles consistencia.

Se prepara una salsa en la olla destapada, con 2 cucharadas de manteca; 2 ajíes picados muy menudos; 1 taza de cebolla picada; 1 taza de puré de tomate; 6 cucharadas de agua, y sal a gusto. Esto se cocinará 3 ó 4 minutos.

Se ponen en la olla junto con la salsa las albóndigas, y se tapa. Cuando el vapor salga por la válvula de escape, ponga el indicador de presión de acuerdo con las instrucciones de su olla, y cuando marque las 15 libras de presión, rebaje el calor y deje cocinar las albóndigas durante 10 minutos. Pasado este tiempo, aparte la olla del calor y deje que la presión baje lentamente.

ALBONDIGAS EXQUISITAS (Segunda Receta)

INGREDIENTES:

- 1 libra de palomilla.
- ¼ libra de jamón.
- 1 taza de pan rallado.
- 2 huevos.
- 2 cucharaditas de zumo de limón.
- 2 cucharaditas de aceite. Pimienta (la cantidad que pueda cogerse con dos dedos).
- 1 copita de coñac.
- ½ taza de caldo de sustancia
- 1 cucharadita de mantequilla
- 1 cucharadita de sal. Nuez moscada (la misma cantidad que la pimienta).
- 2 cucharaditas de perejil picado).

(Se obtienen 14 albóndigas grandes)

INSTRUCCIONES: Píquense la carne, el jamón, la cebolla y el ajo en la máquina de moler, con la cuchilla más fina. Bátanse los huevos. Fórmense las albóndigas envolviéndolas en huevo y pan rallado y fríendolas en abundante manteca bien caliente. Después de fritas las albóndigas y habiendo escurrido la manteca colóquense en la olla con la parrilla puesta, agregándoles zumo de limón, caldo, nuez moscada y mantequilla   ; aceite, coñac, cebolla, pimienta y sal.

Tápese la olla. Cuando salga el vapor por la válvula, póngase el indicador de presión de acuerdo con las instrucciones de la olla. Al marcar las 15 libras de presión rebájese el calor y cocínense las albóndigas a esa misma presión de 15 libras durante 10 minutos. Al cabo de ese tiempo se aparta la olla del fuego y se deja que la presión baje lentamente.

Puede espesarse la salsa de estas albóndigas, con una cucharadita de harina tostada, agregándola a dichas albóndigas y cocinándolos destapadas hasta darle a la salsa el espesor deseado.

ALBONDIGAS (Tercera Receta)

INGREDIENTES:

½ libra de carne de primera molida.
¼ de libra de carne de puerco molida.
1 cucharada de jamón.
10 aceitunas picaditas.
1 cebolla mediana picadita.
½ cucharadita de sal.
1 diente de ajo picadito.

1 pimiento picadito.
1 cucharada de maicena.
2 huevos.
2 cucharadas de galleta molida.
2 cucharadas de aceite.
10 cucharadas de vino blanco,
10 cucharadas de agua.

INSTRUCCIONES: Unase todo y agréguense los huevos sin batir, amasando ligeramente y formando las albóndigas del tamaño que se desee.

Póngase la parrilla en la olla de presión y colóquense encima las albóndigas; échese sobre ellas el vino mezclado con agua.

Tápese la olla; cuando el vapor salga por la válvula de escape, póngase el indicador de presión de acuerdo con la marca de la olla, y al indicar 15 libras de presión rebájes eel calor y cocínese durante 10 minutos.

Transcurrido el tiempo indicado, aparte la olla del calor y deje que la presión baje lentamente.

EL AMOR ENTRA... POR LA COCINA

La experiencia ha enseñado que no hay demasiada exageración en esta frase. Regularmente mesa bien servida, comida sabrosa quiere decir esposo contento. Las recetas de este libro han de ayudarle, seguramente, a mantener su felicidad.

TERNERA ASADA EN CACEROLA

INGREDIENTES:

- 2 libras de ternera.
- 2 cucharadas de manteca
- 1 hojita de laurel.
- 1 cucharadita de sal.
- ¼ cucharadita de pimienta blanca.
- 6 cucharadas de aceite.
- 3 cucharadas zumo de limón.
- 8 cebollas chiquitas enteras.
- 3 cucharadas de vino seco,

INSTRUCCIONES: Se calienta la olla vacía y destapada durante 7 minutos; se echa en ella la grasa indicada en la receta; la carne de ternera partida en trozos grandes se dora ligeramente y se le agregan el laurel, las cebollitas peladas, el vino, el agua, el zumo de limón y la sal.

Se tapa la olla. Cuando el vapor salga por la válvula de escape s epone el indicador de presión de acuerdo con las instrucciones de la marca de la olla, y al marcar las 15 libras de presión se reduce el calor y se deja cocinar la carne durante 25 minutos. Transcurrido este tiempo, se aparta la olla del fuego y se deja que la presión baje lentamente.

ESTOFADO DE TERNERA

INGREDIENTES:

- 1 libra de carne de ternera (partida en trozos pequeños).
- 5 dientes de ajo, enteros.
- 2 cucharadas de vinagre
- 2 libras de papas.
- 1 hojita de laurel.
- 1 cucharadita de pimienta negra.
- 10 granos de pimienta
- ½ taza de vino blanco
- ¼ taza de manteca.
- 1 cucharadita de pimentón.
- 3 cucharaditas de perejil picado.
- 1 cebolla grande entera.
- 1 cucharada de sal.

INSTRUCCIONES: Póngase la olla de presión al fuego y échense enseguida la carne partida en trozos y todos los demás ingredientes en crudo; la cebolla, entera, y los ajos, lo mismo. Las papas no deben echarse todavía.

Tápese la olla. Cuando el vapor comience a salir, póngase el indicalor de presión, de acuerdo con las instrucciones del fabricante de la olla, y cuando marque las 15 libras de presión redúzcase un tanto el calor y déjese cocinar la carne durante 10 minutos.

Transcurrido ese tiempo, aparte la olla del calor y deje que la presión baje lentamente. Cuando no salga por la válvula de escape, destape la olla. Eche las papas, partiéndolas por la mitad si son grandes, y si son pequeñas, enteras. Tápese de nuevo la olla. Cuando el vapor salga por la válvula de escape, póngase el indicador de presión (siempre de acuerdo con las instrucciones de su olla), y cuando marque 15 libras reduzca el calor y deje cocinar la carne y las papas durante 10 minutos. Transcurrido este tiempo, aparte su olla del fuego y deje que la presión baje lentamente.

Puede echarse a la carne 1 taza de petit pois, después de cocinada al servirse.

RIÑON AL JEREZ

INGREDIENTES:

- 4 riñones de ternera.
- 4 pimientos picaditos.
- ½ taza de vino de Jerez
- 2 tazas de cebolla picadita.
- 1 cucharadita de sal.
- 1 hoja de laurel.
- Nuez moscada rallada, la cantidad que se pueda coger con dos dedos. Pimiento blanca en polvo (igual cantidad).
- 6 cucharadas de aceite.

(De esta receta se obtienen 6 raciones).

INSTRUCCIONES: Pártanse los riñones cuidadosamente en ruedas, sacándoles el sebo y las partes amarillas de los mismos. Pónganse a hervir 5 tazas de agua; cuando estén hirviendo échenseles los riñones después de limpios; revuélvanse bien con dicha agua y sáquense inmediatamente escurriéndolos bien, lo cual se hace para darles mejor sabor y color.

Póngase a calentar la olla vacía 5 minutos, y échese en ella el aceite y los riñones, dorándolos muy ligeramente.

Agréguense los demás ingredientes incluyendo el vino y la sal.

Tápese la olla. Cuando el vapor salga por la válvula de escape, póngase el indicador de presión siguiendo las instrucciones de la olla, y al marcar 15 libras rebájese el calor y déjese cocinar durante 15 minutos a esa misma 15 libras de presión.

Aparte la olla del fuego y mientras baja la presión, en una sartén dore 1 cucharada de harina.

Saque el indicador de presión y si no sale vapor por la válvula de escape, destape la olla; agréguele la harina tostada; cocine destapados los riñones unos minutos hasta espesarse la salsa y sírvalos. Agregándoles un cuadrito de caldo , se obtiene aún más delicioso sabor. En ese caso hay que echarle ¼ cucharadita de sal menos que la indicada en la receta.

Toda dieta necesita tener una ración de carne o pescado una vez al día.

LOMO DE PUERCO A LA JARDINERA

INGREDIENTES:

- 2 libras de carne de puerco (lomo).
- 1 manojo de habichuelas
- 1 libra de papas.
- 1 taza de zanahorias.
- 4 cebollas pequeñas.
- 4 cucharadas de aceite.
- 1 hoja de laurel.
- 1 cucharada de sal.
- 2 cucharadas de pimentón.
- 4 tomates grandes, de ensalada.
- 2 pimientos grandes.
- ½ taza de caldo de sustancia.
- ½ libra de col.

INSTRUCCIONES: Pártase la carne en trozos de 2 pulgadas aproximadamente; caliéntese la olla 5 minutos vacía y destapada; dórese la carne de puerco, revolviéndola bien con cuchara de madera por espacio de 5 minutos; agréguense todos los ingredientes bien picados, aceite y caldo de sustancia.

Tápese la olla; cuando el vapor salga por la válvula de escape póngase el indicador de presión siguiendo las instrucciones de su olla. Al marcar las 15 libras de presión rebájese el calor y cocínese la carne de puerco 10 minutos. Transcurrido este tiempo aparte la olla del calor y deje que la presión baje lentamente, abra la olla y agréguele las papas y vegetales dejándolos 10 minutos más, enfríe después la olla y sírvase.

Esta receta puede modificarse poniéndole carne de vaca o carnero y agregándole tres cucharadas de manteca de cerdo para suplir la grasa que suelta la carne de puerco al freírse.

CARNE DE PUERCO CON QUIMBOMBO

INGREDIENTES:

- 2 libras de carne de cerdo.
- 3 cucharadas jugo de naranja agria.
- 4 cucharaditas de pimienta blanca molida
- 1 cucharadita de sal.
- 2 cucharadas de pimentón.
- ¼ taza de agua.
- 1 hoja de laurel.
- 1 taza de cebolla partida en ruedas.
- 2 dientes de ajo machacados.
- 4 tazas de quimbombó pequeñitos y partidos a la mitad.
- 3 cucharadas de manteca.

INSTRUCCIONES: Pártase la carne de puerco en pedazos pequeños; lávese el quimbombó, quítesele la cabeza; sumérjase en agua con jugo de limón y sal 4 ó 5 minutos. Póngase la carne en la olla; échense todos los demás ingredientes, menos el quimbombó.

Tápese la olla. Cuando el vapor salga por la válvula de escape, colóquese el indicador de presión siguiendo las instrucciones de su olla; al marcar las 15 libras rebájese el calor, y cocínese durante 15 minutos.

Transcurrido este tiempo aparte la olla y deje que la presión baje lentamente. Cuando no salga vapor por la válvula, destape la olla; échele el quimbombó; tápela de nuevo y cuando el vapor salga por la válvula de escape ponga el indicador de presión. Al marcar las 15 libras, rebaje el calor y cocine la carne durante 5 minutos. Pasado este tiempo aparte la olla y deje que la presión baje lentamente.

PATAS DE PUERCO A LA ANDALUZA

INGREDIENTES:

- 1 libra de garbanzos.
- 3 patas de puerco grandes, o 4 chiquitas, partidas en trozos medianos.
- 2 chorizos.
- 1/4 libra de jamón.
- 1 cabeza de ajo (entera)
- 1 taza de tocino picadito.
- 5 tazas de agua.

- 3 cucharadas de perejil picado.
- 1 cucharada de sal.
- 30 alcaparras.
- 2 cebollas grandes.
- 2 clavos de especie.
- 1 lata de puré de tomate.
- 1 pimiento morrón.
- 2 pimientos de ensalada, (grandes).

INSTRUCCIONES: Lávense bien las patas en varias aguas con jugo de limón; éstas deben estar crudas. Pónganse con cuatro tazas de agua en la olla de presión; écheseles la sal. Tápese la olla, al salir el vapor por la válvula, póngase el indicador de presión según las instrucciones de su olla, y al marcar las 15 libras de presión rebájese el calor inmediatamente y cocínense las patas por espacio de 20 minutos. Transcurrido este tiempo, apártese la olla del fogón y déjese que la presión baje lentamente.

Al quitar la válvula, si no sale vapor, destápese la olla. Sáquense las patas de puerco, separando los huesos de las mismas; vuélvanse a echar en la olla, y agréguense los demás ingredientes sin sofreír, partiéndolos en pedazos pequeños, menos las cebollas, que se echarán enteras, clavando en ellas los clavos de comer. Los garbanzos deben de haber sido puestos en remojo por lo menos doce horas, y de la misma agua donde estuvieron remojados se agrega media taza al guiso. Las alcaparras se echan enteras y el líquido de la conserva de los pimientos, se echa junto con éstos en la olla.

Tápese la olla. Cuando el vapor salga por la válvula de escape, póngase el indicador de presión; al marcar las 15 libras, rebájese el calor y cocínense las patas durante 20 minutos más. Pasado este tiempo apártese la olla del calor y déjese que la presión baje lentamente.

RIÑON EN SALSA DE TOMATE

INGREDIENTES:

2 riñones.
2 cucharadas de manteca.
2 cucharadas de aceite de oliva.
1 taza de cebollas en ruedas.

2 cucharadas de vino
5 granos de pimienta.
½ taza de salsa de tomate
1 cucharada de perejil picado.
¼ cucharadita de sal.

INSTRUCCIONES: Caliéntese la olla vacía 3 ó 4 minutos; échesenle la grasa y la cebolla, cuidando de que no se queme; después la salsa de tomate y a continuación los riñones, que hay que prepararlos de la siguiente forma:

Pártanse los riñones cuidadosamente en ruedas finas, sacándoles el sebo y la parte amarilla de los mismos. Póngase agua a hervir (4 tazas). Cuando esté hirviendo échense los riñones; revuélvanse bien y sáquense inmediatamente, escurriéndolos bien del agua lo cual se hace para darles mejor sabor y color.

Echense los riñones y todos los ingredientes en la olla menos el agua. Tápese, y cuando comience a salir vapor por la válvula de escape, póngase el indicador de presión de acuerdo con las instrucciones de la olla, y al obtener la marca de 15 libras de presión redúzcase el fuego y cocínese la carne durante 10 minutos a esa misma presión.

Transcurrido el tiempo, aparte su olla del fuego y deje que la presión baje lentamente. Este plato debe de hacerse y servirse minutos antes de la comida, pues después de cocinados mucho tiempo se endurecen los riñones. No deben sacarse de la olla, hasta el momento de servirse.

APORREADO DE TASAJO

INGREDIENTES:

2 libras de tasajo.
½ taza de manteca.
6 cucharadas de perejil.
1 taza de cebolla.

3 dientes de ajo machacados.
2 tazas de tomate picado
4 tazas de agua.

INSTRUCCIONES: Se lava el tasajo partiéndose en pedazos; se echa en la olla con el agua; tápese la olla; cuando el vapor salga por la válvula, póngase el indicador de presión siguiendo las instrucciones de su olla, y al marcar las 15 libras rebájese el calor y cocínese 20 minutos pasado este tiempo aparte la olla del calor y espere que la presión baje lentamente. Sáquese del agua y póngase la olla vacía y destapada al calor; échese la manteca y demás ingredientes bien picaditos; agréguese el tasajo bien ripiado, friéndose todo en la olla destapada hasta que absorba la humedad y quede la salsa.

BISTI DE HIGADO

INGREDIENTES:

1 cebolla pequeña.
1 cucharadita de sal.
1 libra de hígado.
1 pimiento pequeño.
2 tazas de agua.

INSTRUCCIONES: Pártase el hígado en trozos muy pequeños; colóquese en un pomo de cristal que tenga tapa de rosca con aro de goma. Echense dentro del mismo el ají y la cebolla picados, y la sal. Ciérrese bien el pomo; colóquese dentro de la olla en posición horizontal después de haber echado las 2 tazas de agua. Mucho cuidado en poner el pomo ACOSTADO, no parado dentro de la olla, pues se corre el riesgo de obstruir la válvula. Una vez acostado el pomo dentro de la olla, tápese ésta y cuando el vapor salga por la válvula de escape, póngase el indicador de presión conforme a las instrucciones de la olla, y cuando marque las 15 libras de presión, rebájese el calor y cocínese 10 minutos. Pasado este tiempo apártese la olla y déjese que la presión baje lentamente. Cuando no salga vapor por la válvula, destápese la olla. No saque el pomo del agua hasta que esté tibia. Saque el bistí del pomo; cuélelo y exprima el hígado lo más posible para extraer la mayor cantidad de jugo. Colóquese en un pomo tapado en el refrigerador.

Este bistí puede hacerse también de jarrete. Las instrucciones son las mismas.

HIGADO A LA ITALIANA

INGREDIENTES:

1 libra de hígado.
½ libra de cebolla.
¼ cucharadita de pimienta.
1 pimiento grande, o seis pequeños.
2 cucharadas de vino
6 cucharadas de manteca.
1 cucharada de harina de Castilla
¼ cucharadita de sal.
2 cucharadas de vinagre

INSTRUCCIONES: Pártase el hígado en trozos pequeños; sazónese con sal y pimienta; caliéntese la olla vacía y destapada 5 minutos; échese la manteca y fríase un poco el hígado; agréguense los demás ingredientes, la cebolla partida en ruedas; tápese la olla; cuando el vapor salga por la válvula de escape, póngase el indicador de presión siguiendo las instrucciones de su olla; al marcar 15 libras de presión, redúzcase el calor y déjese cocinar el hígado durante 5 minutos. Apártese la olla del fuego y déjese que baje la presión lentamente.

No abra nunca la olla cuando la tapa ofrezca resistencia; espere a que no salga vapor por la válvula para abrirla.

LENGUA EN SALSA DE TOMATE

INGREDIENTES:

1 clavo de especie.
1 lengua (entera).
1 taza de puré de tomate
1 hoja de laurel.
¼ cucharadita de comino u orégano.
1 cucharada de sal.

½ taza de vino
¼ cucharadita de pimienta blanca en polvo.
1 taza de pimientos en conserva.
½ taza de agua.

INSTRUCCIONES: Lávese la lengua, cocínese 5 minutos a 15 libras de presión en 2 tazas de agua, tire esa agua, póngase a cocinar de nuevo con el agua, vino, laurel, cebolla, clavo y sal. Tápese la olla. Al salir el vapor por la válvula de escape, póngase el indicador de presión, siguiendo las instrucciones de su olla. Cuando marque las 15 libras de presión, rebájese el calor y cocínese durante 40 minutos. Transcurrido este tiempo aparte la olla del calor y deje que la presión baje lentamente.

Si no sale vapor por la válvula de escape destape la olla. Sáquese la lengua y pélese; pártase en ruedas de ½ pulgada aproximadamente.

Tuéstense dos o tres rebanadas de pan, macháquense bien y agréguense a la salsa donde se cocinó la lengua; póngase el tomate; échese la lengua en esta salsa y cocínese con la olla destapada hasta darle a dicha salsa el espesor deseado. Por último, agréguese el pimiento en conserva muy picadito con el líquido en que viene. El orégano o comino según se desee, cocinándolo unos minutos más.

LENGUA DE TERNERA (EMPANADA)

INGREDIENTES:

1 lengua (entera).
2 huevos.
¼ de taza de harina.
¼ de taza de pan rallado.
½ taza de leche de vaca.

¼ cucharadita de levadura.
½ cucharada de sal.
1 taza de agua.
1 cebolla entera.
1 hoja de laurel.

INSTRUCCIONES: Lávese la lengua y pártase en ruedas de ½ pulgada; póngase en la olla de presión con el agua indicada en la receta, el laurel, la sal y la cebolla.

Tápese la olla. Cuando el vapor salga por la válvula de escape, póngase el indicador de presión según las instrucciones de la olla, y al marcar las 15 libras de presión, redúzcase el fuego y déjese cocinar la lengua durante 40 minutos. Transcurrido este tiempo apártese la olla del calor, y déjese que la presión baje lentamente.

Quítese el indicador de presión, y si no sale vapor por la válvula de escape, destápese la olla. Sáquese la lengua de la salsa, y pélese bien. Hágase una pasta con los huevos batidos, leche. harina, levadura y pan rallado en frío.

Póngase a calentar la olla de presión vacía 7 minutos, destapada; échesele manteca abundante; cuando empiece a echar humo, envuélvase la lengua en la pasta preparada y fríase hasta dorar la superficie. Colóquese en un recipiente con papel absorbente para recoger la grasa que suelte. Sírvase adornada de ruedítas de limón y perejil picadito. El agua en que se cocinó la lengua, una vez colada, guárdese aprovechándola para condimentar guisos, pues es de un alto valor nutritivo por la gelatina que contiene.

CHULETAS DE PUERCO CON SALSA DE CEBOLLA

INGREDIENTES:

- 2 libras de chuletas partidas en 6 partes.
- 1 diente de ajo machacado.
- 3 cucharaditas de perejil picado.
- 2 cucharadas de jugo de limón.
- 1 libra de cebolla.
- ¼ de taza de leche.
- 1 cucharadita colmada de sal.
- 2 cucharadas de aceite.
- 2 cucharadas de mantequilla
- 1 cucharada de harina de Castilla.

INSTRUCCIONES: Adóbense las chuletas con el ajo machacado, perejil, sal y zumo de limón. Caliéntese la olla vacía y destapada 10 minutos; fríanse las chuletas dorándolas ligeramente por ambos lados; después agréguese la libra de cebollas partidas en ruedas y pónganse en el fondo de la olla y arriba las chuletas con el jugo que hayan soltado al freirse; añádanse también el aceite y la mantequilla.

Tápese la olla. Cuando el vapor salga por la válvula de escape póngase el indicador de presión siguiendo las instrucciones de su olla. Al marcar 10 libras de presión rebájese el calor y cocínense las chuletas durante 20 minutos. Pasado este tiempo, apártese la olla del calor y déjese que la presión baje lentamente. Cuando no salga vapor por la válvula de escape, destápese la olla, sáquense las chuletas y agréguese a la salsa la leche y 1 cucharada de harina tostada. Mézclese con cuidado y cocínese con la olla destapada a fuego lento hasta esperarse la salsa según se desee. Sírvanse las chuletas con esta salsa después de pasarlas por el colador.

RECUERDELO: *En cuanto el indicador de presión de su olla marque la presión a que desea usted cocinar, reduzca el fuego. No debe cocinarse a fuego vivo; es un error.*

CHILINDRON DE CARNERO

INGREDIENTES:

- 4 libras de carnero.
- 1 lata de puré de tomate.
- ½ taza de aceite.
- 2 cucharadas de pimentón.
- 2 pimientos grandes.
- ¼ taza de vino seco
- 1 taza de cebolla picada.
- 2 cucharadas de zumo de naranja agria.
- 3 dientes de ajo machados.
- 1 ramita de perejil.
- ½ cucharadita de pimienta blanca en polvo.
- 1 cucharada de sal.

INSTRUCCIONES: Caliéntese la olla vacía y destapada 5 minutos. Echese el aceite; dórese ligeramente el carnero y agréguense todos los ingredientes picados, tomate y vino. Tápese la olla. Cuando el vapor salga por la válvula de escape, póngase el indicador de presión según las instrucciones de su olla. Al marcar 15 libras rebaje el calor y cocínese 20 minutos. Transcurrido ese tiempo aparte la olla del calor y deje que baje la presión lentamente.

SALCHICHAS CON PAPAS

INGREDIENTES:

- 3 libras de papas.
- 3 latas de salchichas.
- 1 latica de petit-pois.
- 2 pimientos pequeños.
- 1 hoja de laurel.
- 1 cucharada de pimentón
- ¼ taza de cebolla picada.
- 6 cucharadas de aceite.
- 6 cucharadas puré de tomate.
- 2 cucharaditas de sal.
- 3 cucharadas de vino
- 1 diente de ajo.

INSTRUCCIONES: Caliéntese la olla vacía y destapada 5 minutos. Echese el aceite, dórense la cebolla picada, el ajo y el ají. Echense las papas, cortadas en pedazos pequeños, las 3 latas de salchichas con el líquido de las mismas, el petit-pois también con el líquido, el puré de tomate, el pimentón, el vino, el laurel y la sal.

Tápese la olla. Cuando el vapor salga por la válvula de escape, póngase el indicador de presión siguiendo las instrucciones de la olla, y cuando marque las 15 libras redúzcase el fuego y cocínese 8 minutos.

Pasado este tiempo, aparte la olla y deje que la presión baje sola lentamente. Póngase un jarro con agua al fuego; cuando esté hirviendo échense 2 huevos. Hiérvanse tres minutos. Enfríense enseguida con agua; sáqueseles la cáscara y divídase en cuadritos pequeños. Al servirse la salchicha, adórnese con los mismos.

CHORIZOS CON PAPAS

INGREDIENTES:

2 libras de papas.
2 chorizos.
½ taza de agua.
1 lata de petit-pois.
2 cebollas medianas.
1 pimiento pequeño.

1 hoja de laurel.
2 cucharadas de aceite.
2 cucharaditas de sal.
2 cucharadas de perejil.
1 diente de ajo.

INSTRUCCIONES: Pélense las papas, lávense enteras y córtense en cuadritos pequeños. Caliéntese la olla, destapada y vacía, durante 5 minutos. Echense las 2 cucharadas de aceite y fríanse las cebollas dorándolas un poco; pártanse en 6 ruedas los chorizos y el ají y fríanse un poco en esta grasa. Sáquense de la olla, échense las papas; revuélvase bien todo en la grasa, agregando la latica de petit-pois con el líquido en que vienen, el agua, la sal y el laurel, y encima los pedazos de chorizo.

Tápese la olla. Cuando el vapor salga por la válvula de escape, póngase el indicador de presión siguiendo las instrucciones de la marca de la olla, y cuando indique las 15 libras de presión rebájese el calor y cocínese durante 10 minutos.

Transcurrido este tiempo, aparte la olla del calor y deje que la presión baje lentamente.

CARNERO CON GUISANTES (PETIT-POIS)

INGREDIENTES:

3 libras de carnero.
1 lata grande de petit-pois.
2 cucharadas de pimentón.
1 hoja de laurel.
1 cebolla grande.

1 diente de ajo machacado.
1 cucharadita de sal, colmada.
6 cucharadas de aceite.
1 cucharada de vinagre

INSTRUCCIONES: Caliéntese la olla destapada durante 5 minutos; échese la grasa y fríase un poco la cebolla partida en ruedas y el ajo, cuidando de que no se doren; agréguese el carnero partido en pedazos pequeños revolviendo bien y friéndolo. Después de dorada la carne se le echa el pimentón, revolviéndolo bien, y a continuación se tapa la olla.

Cuando el vapor salga por la válvula de escape, se pone el indicador de presión según las instrucciones de la olla, y al marcar las 15 libras se rebaja el calor y se cocina durante 20 minutos. Transcurrido este tiempo se aparta la olla del calor y se deja que la presión baje lentamente. Una vez bajada la presión se le agrega el peti-pois sin el líquido que trae la conserva.

LECHON EN SALSA

INGREDIENTES:

- 1 hoja de laurel.
- 3 libras de lechón (carne tierna de cerdo).
- 4 cucharadas de pimentón.
- 1/4 cucharadita de orégano.
- 5 cucharadas de jugo de naranja agria.
- 4 dientes de ajo machacados.
- 1/2 cucharadita de pimienta blanca molida.
- 1 cucharada rasa de sal.
- 5 cucharadas de vino seco
- 1/4 taza de agua.
- 4 cucharadas de aceite.

INSTRUCCIONES: Póngase en adobo el lechón partido en pedazos grandes, con los ajos bien machacados, orégano, jugo de naranja y aceite. Téngase en ese adobo 2 o 3 horas.

Caliéntese la olla vacía y destapada 10 minutos. Echese el lechón en dos o tres veces, friendo bien cada pedazo. Una vez todo frito colóquese en la ocha y échese el pimentón disuelto en el agua, agregándole el vino, laurel y pimienta.

Tápese la olla. Cuando el vapor salga por la válvula de escape, póngase el indicador de presión siguiendo las instrucciones de su olla, y al marcar las 15 libras redúzcase el calor y déjese cocinar la carne de puerco 25 minutos. Transcurrido este tiempo aparte la olla del calor y deje que la presión baje lentamente.

EL BISEL, INC.

- CUADROS, LAMINAS Y ESPEJOS VIDRIERAS
- VIDRIOS PARA OBRAS
- CRISTALES PARA AUTOS Y PARABRISAS
- PUERTAS Y CRISTALES GRUESOS
- ALUMINIO EN GENERAL
- DISEÑAMOS Y CONSTRUIMOS INTERIORES Y FRENTES DE COMERCIOS MODERNOS

749 S. W. 8 Street
Telefono 379-0153

RECETAS DE AVES

LOS POLLOS COCINADOS EN OLLAS DE PRESION

Usted podrá observar que el pollo cocinado en olla común adolece del defecto de que los músculos del mismo se adhieren a las articulaciones, costando trabajo desprenderlos, y teniéndonos que valer del cuchillo. No es así el cocinado en olla de presión, el cual con suma facilidad se desprenderá íntegro, completamente del hueso, simplemente con el tenedor, y dejando dicho hueso limpio. Esto se debe a que el líquido sinovial que hay en las articulaciones es expulsado al subir la temperatura de la olla de presión más de 100 grados escala centígrado.

POLLO A LA CRIOLLA

INGREDIENTES:

- 1 pollo de 2 libras.
- 1 taza de cebollas picadas.
- 2 cucharadas de naranja agria.
- 2 cucharadas de vinagre
- 2 dientes de ajo machacados.
- 2 pimientos de ensalada.
- 1½ cucharadas de sal.
- 2 cucharadas de tocino picado.
- 4 cucharadas de manteca.

INSTRUCCIONES: Caliéntese la olla vacía y destapada 5 minutos. Echese el tocino picadito hasta dorarlo; agréguense la manteca y el pollo, dorándolo bien. A continuación los demás ingredientes.

Tápese la olla. Cuando el vapor salga por la válvula de escape, póngase el indicador de presión según las instrucciones de su olla ,y cuando marque las 15 libras de presión redúzcase el fuego y cocínese el pollo 8 minutos. Transcurrido ese tiempo apártese la olla y déjese que la presión baje lentamente.

SALCHICHON EN LA OLLA DE PRESION

INGREDIENTES:

1 libra de carne de puerco (sin grasa).
1 libra de carne de ternera.
6 huevos.
½ cucharadita de sal.
1 cucharadita de pimienta molida.
3 granos de pimienta.
4 clavos de especie.
3 tazas de agua.
1 cebolla grande.
½ cucharadita de nuez moscada rallada.
1 cucharada de pimentón.
¼ libra de jamón.
1 hoja de laurel.
2 dientes de ajos machacados.
15 cucharadas de galleta molida.

INSTRUCCIONES: Se limpia la carne de res de todo pellejo, pasándose por la cuchilla más fina de la máquina de moler, conjuntamente con la carne de puerco y el jamón.

Se añaden la pimienta molida, la nuez moscada rallada, el pimentón, la sal, 3 huevos, mezclándolo bien todo. Se divide en dos partes, dándole una forma a cada una parecida al salchichón.

Se envuelve cada parte en huevo y galleta 3 veces, y se colocan en un pañito envolviéndolos separadas, cosiéndolas de un extremo a otro para que no pierdan la forma cilíndrica. En los extremos se amarran bien.

Pónganse en la olla las 3 tazas de agua, agregándoles los clavos de olor, la pimienta en grano, el laurel y la cebolla grande.

Se sumerge la carne en el agua con cuidado cuando esté hirviendo. Tápese la olla, y cuando el vapor salga por la válvula de escape, se pone el indicador de presión según las instrucciones de la olla. Al marcar 15 libras se reduce el calor, cocinándose durante 15 minutos.

Transcurrido este tiempo, aparte la olla del calor y deje que la presión baje lentamente. Cuando no salga vapor por la válvula de escape, abra la olla, saque con cuiddo el embutido, procediendo inmediatamente a quitarle el paño en que fue envuelto. Una vez frío se parte en ruedas.

RUBIA O MORENA.

—Dicen que las morenas tienen un carácter más dulce que las rubias.

—No hagas caso. Mi mujer unas veces es morena y otra rubia y no he notado variación alguna en su carácter. ¡Siempre está rabiando!

POLLO ASADO

INGREDIENTES:

- 1 pollo de 2 libras.
- 1 taza de cebolla partida en ruedas delgadas.
- 1/4 cucharadita nuez moscada rallada.
- 1/4 cucharadita de pimienta blanca.
- 1/4 taza de vino
- 1 cucharadita de sal.
- 1 cucharada de zumo de limón.
- 6 cucharadas de manteca líquida o aceite.
- 1 cucharada de harina.
- 1/4 cucharadita de azafrán tostado.
- 1 diente de ajo machacado.

INSTRUCCIONES: Se parte el pollo en 4 partes; se adoba con la cebolla, nuez moscada, todos los condimentos menos el vino, la manteca y la harina, dejándolo en este adobo 2 o 3 horas. Póngase la olla con la manteca; cuando esté bien caliente, échense los pedazos del pollo y la cebolla y fríanse ligeramente; agréguese el vino y tápese. Al salir el vapor por la válvula de escape, póngase el indicador de presión; al marcar 15 libras, rebaje el calor y deje cocinar el pollo 10 minutos.

Transcurrido este tiempo, aparte la olla del calor y deje que la presión baje lentamente.

Tuéstese la harina; cuando no salga vapor por la válvula destápese la olla. Echese la harina tostada y espésese la salsa un poco.

POLLO CON TOMATE

INGREDIENTES:

- 2 cucharadas de jugo de limón.
- 1 pollo de 3 libras.
- 4 cucharadas de aceite o manteca.
- 2 tazas puré de tomate.
- 1 taza de cebolla picada.
- 1/4 cucharadita de pimienta.
- 1 diente de ajo.
- 1 hoja de laurel.
- 2 cucharaditas de sal.

INSTRUCCIONES: Póngase la olla vacía y destapada a calentar 5 minutos. Echese el aceite o manteca y fríase el pollo, agregándole el ajo y la cebolla. Debe freirse durante 2 o 3 minutos. Añádase entonces el puré de tomate y la sal.

Tápese la olla. Cuando el vapor salga por la válvula de escape, póngase el indicador de presión siguiendo las instrucciones de su olla. Al marcar 15 libras rebájese el calor y cocínese el pollo 10 minutos. Transcurrido este tiempo apártese la olla, y déjese que la presión baje lentamente.

CROQUETAS DE POLLO

INGREDIENTES:

- 1/2 pollo
- 4 cucharadas de mantequilla
- 1/2 taza de leche.
- 1/2 taza de harina.
- 1 cucharadita de sal.
- 1/4 cucharadita de nuez moscada rallada.
- 1/4 cucharadita de pimienta.
- 4 cucharadas de vino seco
- 2 huevos.
- 1 taza de pan rallado.
- 4 cucharaditas de perejil picado.
- 2 cucharadas zumo de limón.
- 1/2 taza de cebolla.
- Sal a gusto.

INSTRUCCIONES: Póngase el pollo en la olla, partido en pedazos, con el vino y 1/4 taza de agua. Tápese la olla. Cuando el vapor salga por la válvula de escape, póngase el indicador de presión siguiendo las instrucciones de su olla al marcar las 15 libras de presión redúzcase el calor y cocínese 10 minutos. Pasado este tiempo, apártese la olla y déjese que la presión baje lentamente.

Cuando no salga vapor por la válvula de escape, destape la olla. Saque el pollo y haga la pasta de la siguiente forma:

Ponga la olla destapada a calentar a fuego lento con la salsa del pollo, la leche fría con la harina bien diluída que se habrá unido parte se irá echando, revolviendo constantemente, después, cebolla. mantequilla y demás ingredientes, menos el huevo, y pan rallado.

Revuélvase lentamente hasta cocinarse dicha pasta, 5 minutos. Agréguese después el pollo desmenuzado y enfríese esta pasta en una fuente. Fórmese las croquetas con las manos untadas en manteca, para que no se pegue la masa, envuélvase en huevo y pan rallado, y fríanse en la olla, destapada, con abundancia de grasa bien caliente.

Esta croqueta puede hacerse también con sobras de carne de cualquier clase, pasada por la máquina de moler.

POLLO FRITO

INGREDIENTES:

- 1 pollo de 1 1/2 libras.
- 1/4 cucharadita de pimienta y nuez moscada mezcladas.
- 1 cucharada zumo de limón.
- 1/4 cucharadita de sal.
- 3 cucharadas de harina.
- 1/4 taza de leche.

INSTRUCCIONES: Caliéntese la olla vacía y destapada 5 minutos. Echese manteca abundante. Fórmese aparte una mezcla con la harina y la leche. Sazónese el pollo con la pimienta, el limón y la sal; pártase en cuatro partes, envuélvase en esta mezcla escurriéndolo bien. Echese en la olla donde está ya la manteca bien caliente y fríase hasta que quede bien dorado. Póngase a escurrir en papel absorvente para recoger la grasa.

ADVERTENCIA: Se recomiendan para esta receta pollos muy pequeños y criados en granja, por ser más tiernos. Se cocinarán hasta el hueso perfectamente.

Sírvase el pollo con papas fritas de la siguiente forma:

Pélense dos papas grandes, lávense y séquense. Pártanse en ruedas muy finas y píquense en trozos alargados y finos. Fríanse en manteca abundante y bien caliente, en porciones pequeños. Una vez doradas escúrranse en papel absorbente, echándoles la sal.

Sírvase el pollo adornado con estas papas y ruedas de limón.

Si el pollo no es muy tierno ni de granja se recomienda cocinarlo antes 5 minutos a 15 libras de presión, dejando bajar la presión lentamente, y friéndolo después.

La forma en que debe cocinarse en este caso el pollo es la siguiente: Después de sazonado se le echan 5 cucharadas de agua con los ingredientes indicados en la receta. Un avez cocinado del modo indicado, se puede también freir sin envolver en harina y leche. No debe en este caso freirse con la manteca muy caliente.

FRICASE DE POLLO ESTILO CRIOLLO

INGREDIENTES:

- 1 pollo de 3 libras, partido en pedazos pequeños.
- 2 libras de papas.
- 5 cucharadas de manteca.
- 1 hoja de laurel.
- 1 taza de puré de tomate
- 3 cebollas grandes.
- Sal a gusto.

- 1 diente de ajo.
- 5 pimientos medianos o 3 grandes.
- 4 cucharadas de vino seco
- ½ taza de aceitunas picadas, preferiblemente sin huesos y partidas a la mitad.

INSTRUCCIONES: Póngase la olla vacía 5 minutos a calentar; échese la manteca, y cuando ésta empiece a echar humo, se sofríe el pollo hasta dorarlo; después de la agregan la cebolla, los ajíes y el ajo. A los pocos minutos el puré de tomate, la aceituna y el laurel; después las papas y el vino. Ciérrese la olla; cuando el vapor salga por la válvula de escape, póngase el indicador de presión de acuerdo con las instrucciones de su olla. Al marcar las 15 libras de presión, redúzcase el calor y cocínese por espacio de 10 minutos. Transcurrido este tiempo, aparte su olla y deje que baje la presión lentamente. Puede añadirse petit pois al servirlo.

IMPORTANTE: No lave la olla con jabones que tengan potasa, ni estropajo de aluminio grueso. Use del fino con el jabón para pulir aluminio.

POLLO CON CEBOLLAS

INGREDIENTES:

- ¼ cucharadita cáscara de limón rallado.
- 1 pollo de 2 o 3 libras
- 1 libra de cebollas.
- 1 lata de pimientos morrones.
- 6 cucharadas de aceite.
- 1 cucharadita de sal.
- 6 cucharadas vino
- ¼ cucharadita nuez moscada rallada.
- ¼ taza de caldo de sustancia o 1 cuadradito de caldo disuelto en ¼ taza de agua.

INSTRUCCIONES: Pártase el pollo en 8 partes; sazónese con el limón rallado y sal; caliéntese la olla destapada 8 minutos; échense la grasa y el pollo, dorándolo ligeramente; agréguense la cebolla partida en ruedas, los pimientos morrones y el caldo.

Tápese la olla. Cuando el vapor comience a salir por la válvula de escape, póngase el indicador de presión según las instrucciones de su olla. Al marcar 10 libras de presión, rebájese el calor y cocínese 10 minutos. Transcurrido este tiempo apártese la olla del fuego y déjese que la presión baje lentamente.

POLLO CACEROLA

INGREDIENTES:

- 8 cebollas pequeñas enteras.
- 1 pollo de 2 libras.
- 1 latica de petit-pois.
- 6 papas chiquitas.
- 1 taza de zanahoria picada.
- 1 diente de ajo.
- 1 cucharadita de sal.
- 1 cucharadita de limón.
- 3 cucharadas de aceite.
- 4 cucharadas de manteca.
- ¼ taza de caldo de sustancia.
- ¼ cucharadita de azafrán tostado.

INSTRUCCIONES: Caliéntese la olla vacía y destapada 5 minutos. Pártase el pollo en 4 partes, untándose de aceite, sal y ajo machacado. Echese la manteca dentro de la olla y dórese el pollo. Agréguense todos los demás ingredientes. El que previamente se habrá envuelto en harina, la cual servirá para darle más consistencia a la salsa.

Tápese la olla. Cuando el vapor salga por la válvula de escape, póngase el indicador de presión, siguiendo las instrucciones de su olla. Cuando marque las 15 libras de presión, redúzcase el calor y cocínese el pollo durante 10 minutos. Pasado este tiempo aparte la olla del calor y deje que la presión baje lentamente.

GUINEA EN ESCABECHE

INGREDIENTES:

2 quineas
    de 2 o 2½ libras.
1 pomito de aceitunas.
2½ cucharadas de pimentón.
2 tazas de cebollas en ruedas.
1 cucharadita de orégano tostado.

2 cucharaditas de sal.
2 ajos machacados.
2 pimientos grandes.
2 tazas de aceite de oliva
1 hoja de laurel.
10 granos de pimienta.
1 clavo de especie
1 taza de vinagre

INSTRUCCIONES: Lávese la guinea entera y pártase en pedazos pequeños echésele la sal; póngase la olla vacía y destapada a calentar con el aceite; échese la guinea y fríase 5 minutos a fuego vivo. Agréguese el vinagre. Tápese la olla, y cuando el vapor salga por la válvula de escape, póngase el indicador de presión según las instrucciones de la olla. Cuando marque las 15 libras de presión rebájese el calor y cocínese la guinea durante 15 minutos.

Transcurrido este tiempo apártese la olla del fuego y déjese que baje la presión. Cuando no salga vapro por la válvula de escape, destápese la olla y échese la cebolla y el ají, cocinándolos 2 ó 3 minutos en esta salsa. Después póngase todo en vasija de barro o cristal y añádanse todos los demás ingredientes en crudo, mezclándolos bien y tapando el recipiente. Colóquese en el refrigerador. No debe comerse hasta después de 3 días por lo menos, para que la carne absorba el sabor de la salsa. Téngase tapada y cubierta la guinea por la salsa del escabeche.

PAVO RELLENO

INGREDIENTES:

1 pavo de 5 libras

¼ libra de jamón.
¼ libra tocino.
¼ libra carne de res.
2 huevos.
8 cucharadas de aceite.
8 cucharadas de manteca

1 cucharada de pimentón.
½ taza de agua.
1 taza de vino de Jerez

1 libra de cebolla.
2 dientes de ajo.
1½ cucharada de sal.

4 cucharadas de perejil.
2 hojas de laurel.
½ cucharadita de azafrán.
½ cucharadita nuez moscada.
½ cucharadita pimienta.

1 taza de pan rallado.
1 manzana.
¼ taza de leche.
2 cucharadas de mantequilla.

INSTRUCCIONES: Después de limpio el pavo, que debe haber sido matado el día anterior, úntese por todas partes de ajo machacado y azafrán tostado y desleído en un poquito de aceite. Píquese el menudo del pavo en la máquina con la carne, el tocino, el perejil, el jamón y la mitad de la cebolla. Unanse la nuez moscada rallada y 2 huevos batidos; la manzana partida en trozos muy pequeños y 1 cucharadita de sal. Introdúzcase esta mezcla en el interior del pavo y cósase o sujétese con 3 ó 4 imperdibles grandes.

Póngase la olla vacía y destapada a calentar 7 minutos. Echense las grasas y el pavo, dorándolo por todas partes lo más posible. Póngase el vino, el agua y el resto de la sal, así como el resto de la cebolla en ruedas y laurel, por encima del pavo.

Tápese la olla. Cuando el vapor salga por la válvula de escape, póngase el indicador de presión siguiendo las instrucciones de la olla. Al marcar las 15 libras de presión rebájese el calor y cocínese el pavo durante 30 ó 40 minutos. Pasado este tiempo, apártese la olla del fuego y déjese que la presión baje lentamente.

En esta receta puede sustituirse la manzana del relleno por aceitunas partidas sin hueso.

Espésese la salsa con 2 cucharadas de harina disuelta en leche fría, agregándola poco a poco y revolviéndola con cuidado. Esta salsa debe cocinarse a fuego lento con la olla destapada durante 5 minutos y pasarse por un colador fino.

Por la cocción se destruyen cantidades considerables de algunas vitaminas, especialmente de las B-1 y C, por lo tanto, a menor tiempo de cocción, menor pérdida de vitaminas. Recuerde que, en la olla de presión, el tiempo de cocinar se cuenta por minutos y no por horas.

RECETAS A BASE DE GRANOS

POTAJE DE JUDIAS

INGREDIENTES:

- 1 libra de judías.
- 2 cucharaditas de sal.
- 1/4 taza de tocino picado.
- 1 hueso de jamón.
- 1 chorizo.
- 1 ají.
- 1/4 taza de cebolla.
- 6 tomates grandes sin semilla ni pellejo.
- 3 cucharadas de manteca.
- 2 dientes de ajo.
- 1 hoja de laurel.
- 1/4 cucharadita de pimienta.
- 1 libra de ñame (si se desea).
- 3 tazas de agua.
- 1 libra de calabaza.

INSTRUCCIONES: Caliéntese la olla vacía y destapada 5 minutos. Echese el tocino hasta dorarlo y hacerle soltar la mayor cantidad de grasa posible; agréguese la manteca y échense después todos los aliños hasta hacer un buen sofrito. Pónganse por último las judias con el agua del remojo, y la sal. Si el agua del remojo no llegara a las tres tazas indicadas complétense éstas con más agua.

Tápese la olla. Cuando el vapor salga por la válvula de escape, póngase el indicador de presión siguiendo las instrucciones de la olla, y al marcar las 15 libras de presión redúzcase el calor y cocínese el potaje durante 20 minutos.

Transcurrido este tiempo quite la olla del fuego y deje que la presión baje lentamente. Cuando no salga vapor por la válvula de escape abra la olla y espese las judias cogiendo un cucharón de las mismas y pasándolas por un colador de puré.

Otra gran economía que realiza la olla de presión, es la del combustible. A menos tiempo de cocción menos combustible, como es natural, consumido. Ya se sabe que no tiene comparación el tiempo que se emplea en los demás medios de cocción y el que se necesita en la olla de presión.

POTAJE DE HABAS LIMAS

INGREDIENTES:

- 1 libra de habas limas.
- ½ taza de jamón.
- 1 taza de agua.
- 1 ají grande (pimiento)
- ¼ taza puré de tomate.
- 2 cebollitas enteras.
- 1 ajo machacado.
- 4 cucharadas de manteca
- 1 cucharadita de sal.
- 2 cucharadas de pimentón.

INSTRUCCIONES: Echese todo en crudo en la olla. Tápese. Cuando el vapor salga por la válvula de escape, póngase el indicador de presión siguiendo las instrucciones de su olla. Al marcar 15 libras de presión redúzcase el calor y déjense cocinar las habas 15 minutos. Transcurrido este tiempo apártese la olla del fuego y déjese que baje la presión lentamente. Cuando no salga vapor por la válvula de escape, destápese la olla, espésese la salsa pasando un cucharán de habas por el colador de puré, y sírvase el guiso.

FRIJOLES NEGROS

INGREDIENTES:

- 1 libra de frijoles negros puestos en remojo la noche anterior, escogidos y lavados.
- ¼ cucharadita de orégano.
- ½ taza de tocino picadito.
- ½ cucharadita de sal.
- ½ hojita de laurel.
- 1 taza de ají (pimiento) picadito.
- 4 cucharadas de aceite.
- 4 cucharadas de vinagre
- 4 tazas de agua de la del remojo de los frijoles.
- 2 dientes de ajo machacados.

INSTRUCCIONES: Se calienta la olla y se fríe el tocino picadito hasta dorarlo, agregándole el aceite y todos los demás ingredientes, que se doran ligeramente. Se unen a todo esto los frijoles y las 4 tazas de agua del remojo de los mismos.

Tápese la olla. Cuando el vapor salga por la válvula de escape, póngase el indicador de presión según las instrucciones de su olla, y al observarse que marca 15 libras redúzcase el calor y déjense cocinar los frijoles 30 minutos. Si son de nueva cosecha bastará con 20 minutos. Pasado este tiempo, apártese la olla del fuego y déjese que la presión baje lentamente.

Al servirse, añádase más aceite y vinagre, según el gusto personal. Si se desea más espeso este plato, pásese por un colador de puré un cucharón de frijoles, echándolo en la salsa.

FRIJOLES NEGROS

INGREDIENTES:

1 libra de frijoles negros, puestos en remojo el día anterior.
4 ajíes (pimientos) grandes.
2 dientes de ajo.
1 hoja de laurel.
1 cucharada de sal.
1 taza de cebolla picadita.
$\frac{1}{2}$ taza de aceite de oliva.
1 cucharada de vinagre.
1 pizca de comino u orégano.

INSTRUCCIONES: Se ponen los frijoles en la olla con $3\frac{1}{2}$ tazas del agua del remojo y 2 ajíes, y se tapa la olla. Cuando el vapor salga por la válvula de escape, se pone el indicador de presión según las instrucciones de la olla, y al marcar las 15 libras se reduce el fuego y se tienen cocinando los frijoles 10 minutos.

Transcurrido este tiempo se aparta la olla del calor y se deja que baje la presión. Cuando no salga vapor por la válvula de escape, se destapa y se le añade un sofrito con el aceite y los demás ingredientes y la sal.

Tápese la olla de nuevo. Cuando el vapor salga por la válvula de escape, póngase el indicador de presión. Al marcar 15 libras de presión, rebájese el calor y cocínense los frijoles 20 minutos. Transcurrido este tiempo aparte la olla del calor y deje que la presión baje lentamente, el vinagre debe de echársele después de cocinado en el momento de servirse.

Siguiendo estas instrucciones los frijoles quedarán más espesos. También pueden espesarse más machacando un cucharón de ellos y cocinándose unos minutos con la olla destapada hasta quedar espesos según el gusto personal.

Este libro se vende en todas las buenas librerías, establecimientos comerciales y en las oficinas de su autora:

SRA. MARIA TERESA COTTA
121 S. E. 1st Street, Apt. 918 Langford Bldg.
Miami, Fla. 33131 — Tel. 377-0108
Ave. Ponce de León 855, Piso 4to. Apto. 7
Miramar, Parada 11, Puerto Rico - Tel. 723-5818

GARBANZOS FRITOS

INGREDIENTES:

½ libra de garbanzos (remojados) 12 horas.
4 cucharadas de tocino picadito.
1 cucharadita de sal.

2 cebollas grandes.
1 ají (pimiento).
½ taza de manteca, líquida.
½ taza de puré de tomate.

INSTRUCCIONES: Pónganse los garbanzos en la olla con las 2 tazas de agua, la cual ha de ser del remojo de dicho grano. Echesele la sal.

Tápese la olla. Cuando el vapor comience a salir por la válvula de escape, colóquese el indicador de presión según las instrucciones de la olla. Al marcar 15 libras de presión, rebájese el calor y cocínense los garbanzos durante 20 minutos, al cabo de los cuales debe apartarse la olla y dejar que la presión baje sola.

Cuando no salga vapor por la válvula de escape, destápese la olla, sáquense los garbanzos del agua. Póngase la olla vacía al fuego 5 minutos; échesele el tocino, dorándolo, a continuación la manteca y enseguida la cebolla y el ají, previamente pasados por la máquina de moler con la cuchilla más fina. Fríase ligeramente y échese el puré de tomate, friéndolo todo 3 ó 4 minutos más. Pónganse los garbanzos, revolviéndolos bien en esta salsa, con la olla destapada, reduciéndose el calor y dejando que se cocinen hasta que haya sido absorbida la humedad y queden en la salsa.

GARBANZOS CON BACALAO

INGREDIENTES:

1½ tazas de agua.
1 taza de puré de tomate.
½ libra de bacalao
½ libra de garbanzos puestos en remojo 10 o 12 horas.
½ libra de col.

¼ taza de aceite.
2 cucharadas de pimentón.
¼ cucharadita de pimienta.
1 cabeza de ajo pequeña.
1 cucharadita de sal.
1 hojita de laurel.

INSTRUCCIONES: Pónganse los garbanzos en la olla añadiéndoles las 2 tazas de agua, que deben ser del remojo en que han estado. Agréguense la col y el bacalao (que deberá haber sido puesto en remojo antes durante 12 horas, y que también despojado del pellejo y las espinas y partido en trozos pequeños). Echese la cabeza de ajo entera, el pimentón, el aceite y el laurel.

Tápese la olla. Cuando el vapor salga por la válvula de escape, póngase el indicador de presión siguiendo las instrucciones de la olla, y cuando marque las 15 libras rebájese el calor y cocínense los garbanzos durante 20 minutos a dichas 15 libras de presión. Transcurrido este tiempo, apártese la olla del fuego y déjese que la presión baje lentamente.

FRIJOLES COLORADOS

INGREDIENTES:

1 libra de frijoles colorados puestos en remojo el día anterior.
1½ libras de papas.
1 ají (pimiento) frande.
¼ de libra de tocino.
1 cebolla grande.
½ chorizo.
1 diente de ajo.

4 cucharadas de puré de tomate.
4 cucharadas de manteca.
4 tazas de agua.
1 hoja de laurel.
Sal a gusto (usándola con precaución, por llevar tocino el potaje).

INSTRUCCIONES: Ponga los frijoles en la olla con el agua en que quedaron en remojo el día anterior y el ají. Tape la olla. Cuando el vapor salga por la válvula de escape, ponga el indicador de presión según las instrucciones de su olla, y cuando haya alcanzado las 15 libras de presión, reduzca el calor y cocine el potaje durante 10 minutos.

Transcurrido este tiempo, aparte su olla del calor y deje que la presión baje sola. Mientras espera prepare un sofrito del siguiente modo: pique el tocino en trozos muy pequeños, fríalos en un sartén lentamente hasta dorarlos; eche después la manteca, la cebolla, el ajo y las cuatro cucharadas de puré de tomate. Pique el chorizo sacándole el pellejo, y agréguelo a esta salsa.

Destape la olla cuando no salga vapor y échele este sofrito con las papas partidas en pedazos chiquitos y sal a gusto. Tápese la olla. Cuando el vapor salga por la válvula de escape, ponga el indicador de presión siguiendo las instrucciones de su olla, y al marcar 15 libras de presión deje cocinar el potaje durante 25 minutos. Transcurrido este tiempo aparte su olla del calor y deje que la presión baje sola. Haciendo los frijoles de este modo, siguiendo las instrucciones del tiempo marcado exactamente, quedarán espesos.

Con más rapidez puede hacerse este potaje echando el sofrito al principio, junto con los frijoles en la olla, y dejando cocinar todo por espacio de 20 minutos. La presión se deja que baje sola, y la salsa se espesa con el mazo del mortero, estando los frijoles bien calientes dentro de la misma olla.

POTAJE DE GARBANZOS A LA ANDALUZA

INGREDIENTES:

- ½ libra de garbanzos, puestos en remojo el día anterior, después de escogerlos y lavarlos, ya que se cocinarán con el agua del remojo.
- 1 hojita de laurel.
- 1 cebolla.
- 2 cucharadas de aceite.
- 1 cucharadita de sal, colmada.
- 2 onzas de jamón partido en pedacitos.
- 3 cucharadas puré de tomate.
- 4 cucharadas de arroz Valencia.
- 4 tazas de caldo de sustancia, o agua con un cubito de caldo

INSTRUCCIONES: Se calientan la olla, dorando los condimentos con el jamón, y se agregan el tomate, el pimentón y el arroz. Inmediatamente los garbanzos con el caldo o jugo de carne. El líquido en total, incluyendo el agua del remojo de los garbanzos tiene que ser de 4 tazas.

Tápese la olla. Cuando el vapor salga por la válvula de escape, póngase el indicador de presión según las instrucciones de la marca de dicha olla, y al alcanzar las 15 libras de presión rebájese el calor y cocínense los garbanzos durante 20 minutos.

Transcurrido este tiempo, sepárese la olla del fuego y déjese que la presión baje lentamente.

POTAJE DE GARBANZOS (CRIOLLO)

INGREDIENTES:

- 1 libra de garbanzos, puestos en remojo.
- 1 libra de papas.
- 2 tazas de calabaza picada.
- 4 tazas de agua.
- 1 cebolla.
- 1 chorizo.
- ½ taza de tocino.
- 1 ají (pimiento).
- 4 cucharadas de puré de tomate.
- 1 cucharadita de pimentón.
- 1 cucharadita de sal.
- 4 dientes de ajo.

INSTRUCCIONES: Lávense los garbanzos, y escójanse, el día anterior, poniéndolos en remojo.

Póngase en la olla con la sal y las 4 tazas de agua. Tápese la olla. Cuando salga vapor por la válvula de escape, póngase el indicador de presión según las instrucciones de la olla, y una vez marque las 15 libras de presión, redúzcase el fuego y cocínense los garbanzos durante 10 minutos. Pasado este tiempo, apártese la olla del calor y déjese que la presión baje sola.

Mientras se espera a que la presión de la olla baje, hágase un sofrito con la cebolla, ajo y ají picadito, tocino, puré de tomate y manteca, todo en la proporción indicada en la receta. Pínchese el chorizo por distintas partes, y fríase un poco en el sofrito.

Cuando se observa que no tiene vapor la olla, destápese y échesele el sofrito, las papas, la calabaza y el pimentón. Tápese la olla. Cuando salga vapor por la válvula de escape, póngase el indicador de presión según las instrucciones de la olla, y al marcar las 15 libras redúzcase el fuego y déjense cocinar los garbanzos 20 minutos. Pasado este tiempo, apártese del calor y déjese que la presión baje sola.

Si se desea más espeso el caldo de este potaje, se coge un cucharón de garbanzos, se pasa por el colador de puré y se le agrega al caldo, espesándolo según se desee.

FABADA ASTURIANA

INGREDIENTES:

1 **libra de judías, escogidas y lavadas, puestas en remojo el día anterior.**
2 **libras de papas.**
1 **hueso de jamón con masa.**
1 **morcilla.**
6 **tomates o una lata de tomates al natural.**

1 **libra de col (si se desea).**
1 **cebolla grande.**
1 **diente de ajo.**
2 **cucharaditas de sal.**
1 **ají (pimiento) grande.**
4 **cucharadas de manteca.**
8 **taza de agua.**

INSTRUCCIONES: Echense las judías con el agua y el hueso de jamón en la olla. Tápese y cuando el vapor salga por la válvula de escape, póngase el indicador de presión según las instrucciones de la marca de la olla. Cuando señale las 15 libras de presión redúzcase el calor y cocínese la fabada 5 minutos.

Transcurrido este tiempo, apártese la olla del calor y déjese que la presión baje sola. Cuando no salga vapor por la válvula, destápese y échesele un sofrito con las 4 cucharadas de manteca, la cebolla, el ajo, el ají y el tomate. Pónganesele las papas partidas en pedazos pequeños y la col y la morcilla.

Tápese la olla. Cuando comience a salir el vapor por la válvula colóquese el indicador de presión de acuerdo con las instrucciones, y al señalar las 15 libras de presión rebájese el calor y cocínese la fabada 20 minutos. Transcurrido este tiempo, déjese la olla tapada 10 ó 15 minutos, para que espese la salsa.

Si el tiempo es oro, la olla de presión economiza oro, pues reduce considerablemente, asombrosamente el tiempo necesario para cocinar.

POTAJE DE LENTEJAS

INGREDIENTES:

- 1 libra de lentejas (puestas en remojo).
- 5 tazas de agua.
- 1 libra de papas.
- 1 chorizo.
- ¼ cucharadita de orégano.
- 1 hoja de laurel.
- 1 diente de ajo.
- 2 ajíes (pimientos) pequeños.
- 1 cebolla.
- 4 cucharadas de manteca o aceite.
- Sal a gusto.

INSTRUCCIONES: Se pone la olla vacía al fuego, calentándola 5 minutos. Se le echa la manteca y todos los demás aliños menos el chorizo. Se sofríe todo. Bien frito se le agrega el chorizo picado, el agua, las lentejas y las papas.

Tápese la olla. Cuando salga vapor por la válvula de escape, póngase el indicador de presión, según las instrucciones de su olla. Cuando marque las 15 libras de presión, rebájese el calor y déjense cocinar las lentejas durante 15 minutos. Transcurrido este tiempo apártese la olla del fuego y déjese que la presión baje lentamente.

CALDO GALLEGO

INGREDIENTES:

- ½ libra de judías puestas en remojo 3 o 4 horas.
- 2 manojos de acelgas o berzas.
- 1 chorizo.
- 1 pedazo de lacón o jamón.
- 2 onzas de unto.
- 2 libras de papas.
- 6 tazas de agua.
- 1 cucharada de sal.

INSTRUCCIONES: Póngase la olla con las 6 tazas de agua, incluyendo en ellas la del remojo de las judías, con el lacón o jamón, el chorizo y el unto. Tápese la olla, y cuando el vapor salga por la válvula de escape, póngase el indicador de presión según las instrucciones de la olla. Al marcar las 15 libras de presión rebájese el calor y cocínese todo durante 20 minutos. Transcurrido este tiempo apártese la olla, y déjese que la presión baje sola.

Cuando no salga vapor por la válvula, destápese la olla y échense las papas picaditas en pedazos pequeños y la acelga partida con la mano en pedazos pequeños también. Tápese la olla. Cuando el vapor salga por la válvula de escape, póngase el indicador de presión según las instrucciones de su olla. Alcanzadas las 15 libras de presión, rebájese el calor y cocínese el caldo gallego durante 10 minutos. Pasado este tiempo, apártese la olla, y déjese que la presión baje lentamente.

OBSERVACIONES: El lacón puede sustituirse, como ya se ha dicho, por el jamón. Como verdura, puede ponerse col o repollo en vez de las indicadas en la receta. También suelen poner en Galicia (España), de donde es oriundo este plato, las hojas de los nabos partidas en trozos pequeños.

El pedazo de unto una vez cocinado derrítase a fuego lento en una sartén pequeña, apretándolo para extraerle la grasa, hasta que quede doradito La grasa extraída del mismo agréguesele al caldo.

Este caldo puede hacerse solamente con unto y hueso de jamón y los demás ingredientes, quedando también muy sabroso.

Si se quiere muy espeso, pásense unos cucharones de judías por un colador de puré y agréguese al caldo.

ADVERTENCIA: Nunca debe abrir la olla cuando ofrezca resistencia; espere que baje la presión de vapor. Si tiene vegetales, viandas o arroz, puede enfriarse rápidamente echándole agua.

IMPORTANTE: Nunca llene la olla más de la mitad cuando contenga la misma granos de cualquier clase que sea. En esta mitad está incluída el agua que llevan.

De Utilidad para las Familias

Ideas para un presupuesto de ochenta pesos:

22%	Vivienda y luz	$ 17.60
40%	Alimentos	32.00
10%	Ropa y Calzado	8.00
10%	Gastos diversos	8.00
7%	Gastos personales	5.60
6%	Distracciones e imprevistos	4.80
5%	Ahorro	4.00
		$ 80.00

RECETAS DE CALDOS Y SOPAS

AJIACO CRIOLLO

INGREDIENTES:

- ¼ libra de tasajo.
- 1 libra de masa puerco.
- ½ libra de res (vaca).
- 4 paticas de puerco, saladas.
- 2 mazorcas de maíz tierno.
- 1 libra de yuca.
- 1 libra de malanga.
- 1 plátano verde.
- 1 plátano pintón.
- 1 plátano maduro.
- ½ libra de calabaza.
- ½ libra de papas.
- ½ libra de boniato.
- ¼ cucharadita de azafrán tostado.
- 1 taza de cebolla.
- 4 cucharadas de perejil.
- 4 dientes de ajos.
- 8 cucharadas de manteca.
- ½ libra de tomates.
- 2 ajíes (pimientos).
- 6 tazas de agua.
- 1 libra de ñame.

INSTRUCCIONES: Pónganse en remojo una hora, el tasajo y las patas de puerco; cocínese 15 minutos a 15 libras de presión con 6 tazas de agua y las mazorcas de maíz partidas en ruedas, pártase el plátano verde en 4 partes, sacándole la cáscara:

Transcurrido este tiempo, apártese la olla del fuego y déjese que la presión baje lentamente. Abrase la olla, sazónese de sal según el gusto personal y échese un sofrito que se habrá preparado con la cebolla, el ajo, el tomate y el ají. Echese en el caldo, y todos los demás ingredientes, tápese la olla y cocínense nuevamente 15 minutos a 15 libras de presión. Transcurrido este tiempo, aparte la olla y deje que la presión baje lentamente. Si se quiere espeso pásense algunas viandas por el colador de puré.

ADVERTENCIA: Recuerde que la olla no debe llenarse más de ¾ partes de su capacidad. Si su olla es pequeña, hágase esta receta con la mitad de la cantidad de los ingredientes indicados en la receta.

CALDO DE CARNE PARA DISTINTOS USOS CULINARIOS

Conviene hacer cantidad de este caldo pues es el mejor auxiliar en la cocina para dar sabor exquisito a muchos platos y en caso de urgencia, preparar una sopa en minutos, añadiéndosele bien fideos, arroz, pastas para sopa, o pan.

INGREDIENTES:

- 4 huesos de chocozuela.
- 1 pedazo de hueso de jamón (sin masa).
- 3 ajíes (pimientos).
- 2 cucharaditas de sal.
- 1 cucharadita de perejil picado.
- 1/4 libra de cebolla.
- 1/2 libra de zanahorias.
- 1 libra de carne de vaca, preferiblemente jarrete cortado en pedazos pequeños.
- 1/8 cucharadita de pimienta.
- 3 hojas de yerba buena.
- 1 hoja de laurel.
- 6 tazas de agua.

INSTRUCCIONES: Póngase el agua con 2 cucharaditas de sal en la olla destapada, se le añaden todos los demás ingredientes. Tápese la olla.

Cuando el vapor salga por la válvula de escape, póngase el indicador de presión de acuerdo con las instrucciones de su olla. Al indicar las 15 libras rebájese el calor y cocínese el caldo 15 minutos.

Transcurrido este tiempo, aparte su olla del calor y deje que la presión baje sola (demora 5 ú 8 minutos). Cuando no salga vapor, destápese. Cuélese el caldo y depositese en un depósito de barro o cristal cuando esté tibio y póngase en el refrigerador bien tapado. Si se desea sin grasa, cuando esté frío y se cuaje la grasa en la superficie del caldo, cuélese nuevamente para separarla.

SOPA DE TOMATE

INGREDIENTES:

- 4 tazas de caldo de carne
- 1/4 taza cebolla molida con la cuchilla más fina.
- 1 taza de jugo de tomate.
- 4 cucharadas de arroz
- 1 cucharadita de sal.

INSTRUCCIONES: Echese todo en la olla y tápese. Cuando el vapor salga por la válvula de escape, póngase el indicador de presión, y al marcar las 15 libras, redúzcase el calor y déjese cocinar la sopa durante 4 minutos.

Transcurrido este tiempo, apártese la olla del fuego, y déjese que la presión baje lentamente.

SOPA DE CEBOLLAS

INGREDIENTES:

- 2 cucharadas de mantequilla
- 1 taza de cebolla pasada por la máquina de moler
- ¼ taza queso parmesano rallado.
- 5 rebanadas de pan duro tostado
- 2 tazas de caldo de carne
- 1 lata crema
- 1 cucharadita de perejil picado.

INSTRUCCIONES: Caliéntese la olla y póngase la mantequilla; échese la cebolla y dórese a fuego lento, añadiéndole el caldo y el queso.

Tápese la olla. Cuando el vapor salga por la válvula de escape póngase el indicador de presión siguiendo las instrucciones de su olla. Cuando indique 15 libras de presión, redúzcase el calor y cocínese la sopa durante 3 minutos.

Tuéstese el pan sin quemarlo; pásese por la máquina de moler con la cuchilla más fina. Cuando no salga vapor por la válvula, destápese la olla, agréguesele el pan molido y la crema y sírvase.

SOPA DE POLLO

INGREDIENTES:

- 1 pollo de 2 libras.
- 1 cebolla grande.
- 1 ají (pimiento).
- 2 tomates naturales.
- 1 hojita de laurel.
- 1½ cucharadas de sal.
- ½ libra de papas picadas pequeñas.
- ¼ taza de apio picado (si se desea).
- ¼ taza de fideos partidos.
- 6 tazas de agua.

INSTRUCCIONES: Pártase el pollo en 4 partes y échese en la olla con los demás ingredientes y sal, menos los fideos. Tápese la olla. Cuando el vapor salga por la válvula de escape, póngase el indicador de presión siguiendo las instrucciones de la olla, y al obtener la marca de 15 libras redúzcase el calor y cocínese la sopa durante 10 minutos. Pasado este tiempo, aparte la olla del fuego y deje que la presión baje lentamente.

Cuando no salga vapor por la válvula de escape, destape la olla, saque el pollo, desmenúcelo en trozos pequeños y sepárelo del caldo. Cuélese éste y échese otra vez en la olla; agréguense los fideos, revuélvanse bien. Tápese cuando salga vapor por la válvula, póngase el indicador de presión, y al marcar las 15 libras rebájese el calor y cocínese 5 minutos. Si los fideos son cabello de ángel, no hay que cocinar 5 minutos, sino apartar la olla una vez haya alcanzado las 15 libras de presión, y dejar que dicha presión baje sola.

Al no salir vapor por la válvula, destape la olla, agréguele el pollo picadito y zumo de limón si se desea.

CALDO CONCENTRADO DE GRAN ALIMENTO
INGREDIENTES:

2 patas de ternera, crudas
2 libras de jarrete (de vaca).
3 huesos de rodilla de vaca.
1 gallina.
2 claras de huevo.

1 cucharada apio picado.. (si se desea).
1 hoja de laurel.
1 libra de zanahoria.
1 cucharada de sal.
5 tazas de agua.

INSTRUCCIONES: Póngase el agua en la olla y échese el jarrete cortado en pedazos pequeños, y también los huesos y las patas. Sáquese toda la grasa posible a la gallina, échese con la sal y tápese la olla. Cuando el vapor salga por la válvula de escape, colóquese el indicador de presión siguiendo las instrucciones de la olla. Al marcar 15 libras, redúzcase el calor y cocínese 15 minutos. Pasado este tiempo apártese la olla y déjese que la presión baje sola.

Si al abrir la válvula de escape no hay vapor, destápese la olla y échense los vegetales, cocinándolos a 15 libras de presión durante 10 minutos más.

Una vez abierta la olla de nuevo, añádansele 2 claras de huevo en un poco de agua al caldo, para clarificarlo. Hiérvase con la olla abierta durante 5 minutos y a fuego lento.

Póngase este caldo en un recipiente de barro o loza y déjese enfriar. Cuélese por una servilleta y póngase, tapado, en el refrigerador.

Este consomé puede servirse así solo, o con 2 cucharaditas de crema de leche Proporción para 2 tazas de caldo. También se le puede añadir 1 yema batida para las 2 tazas de caldo en el momento de servirse.

Para conservarse en el refrigerador debe estar bien tapado, sin huevo ni crema. La carne y los vegetales pueden pasarse por la máquina de moler, y la gallina aprovechándose para hacer croquetas o empanadillas.

USE SIEMPRE LA TAZA Y CUCHARITAS DE MEDIR PARA LA CONFECCION DE LAS RECETAS DE ESTE LIBRO

CALDO DE GALLINA

INGREDIENTES:

1 gallina.
8 tazas de agua.
3 ramitas de perejil.
2 cebollas.
¼ libra de masa de jamón
2 cucharadas de sal.
1 taza de zanahoria picada.
4 tomates.
2 ajíes. (pimientos).
¼ cucharadita de azafrán tostado.

INSTRUCCIONES: Se parte la gallina en pedazos, se echa en la olla con el agua y los demás ingredientes y los menudos del ave.

Tápese la olla; cuando el vapor salga por la válvula de escape, póngase el indicador de presión, siguiendo las instrucciones de su olla. Cuando marque las 15 libras de presión, rebájese el calor y cocínese 20 minutos. Transcurrido este tiempo, aparte la olla del calor y deje que la presión baje lentamente.

SOPA DE PAPAS

INGREDIENTES:

6 tazas de caldo de sustancia,
1 libra de papas grandes.
1 ramita de perejil.
1 cucharadita de zumo de limón.
4 cucharaditas masa de jamón picadito.
2 huevos duros.

INSTRUCCIONES: Póngase en la olla el caldo de sustancia con el jamón. Pélense las papas y después de lavadas y enteras rállense crudas, por un guayo. Una vez ralladas, échese en el caldo con la ramita de perejil y revuélvase.

Tápese la olla. Cuando el vapor salga por la válvula de escape, póngase el indicador de presión siguiendo las instrucciones de la olla, y al marcar 15 libras rebájese el calor y déjese cocinar la sopa durante 8 minutos. Transcurrido este tiempo apártese la olla y déjese que la presión baje sola.

Salcóchense aparte 2 huevos hasta ponerlos duros; pártanse en pedacitos pequeños, y échense en la sopa en el momento de servirse. Póngase entonces también el jugo de limón.

EQUIVALENCIA:

Un cuarto de libra de carne equivale a: ½ litro de leche; 5 huevos; casi ½ libra de queso. La carne es el alimento de más alto valor proteico.

SOPA DE PESCADO

INGREDIENTES:

- 4 tazas de agua.
- 1/2 libra de papas.
- 3 cabezas grandes de pescado.
- 4 cucharadas de aceite.
- 1/4 taza de cebolla picada.
- 2 1/2 tazas de pan duro picado en trozos pequeños, o 1/2 taza de arroz.
- 1 cucharada de sal.
- 1 cucharada de pimentón.
- 3 cucharadas de perejil picado.
- 1/2 taza de puré de tomate.
- 1 hojita de laurel.
- 1 ají (pimiento) picadito.
- 1/4 cucharadita de azafrán tostado.

INSTRUCCIONES: Póngase 2 tazas de agua en la olla, lávense las cabezas de pescado y échense en la olla. Tápese. Cuando el vapor salga por la válvula de escape, póngase el indicador de presión, siguiendo las instrucciones de su olla. Al marcar las 15 libras de presión, aparte la olla deje que baje la presión. Cuando no salga vapor por la válvula, destápela, cuele el agua donde se cocinó el pescado. Saque toda la masa de la cabeza del pescado con cuidado.

Ponga el agua donde se cocinó el pescado en la olla, completando las 4 tazas de líquido indicadas; échense las papas picadas en cuadritos pequeños y todos los demás ingredientes; la masa de pescado y el pan.

Tápese la olla, cuando el indicador de presión marque 10 libras rebájese el calor y cocínese 5 minutos. Pasado este tiempo, aparte la olla del calor y deje que la presión baje sola lentamente. Puede sustituirse el pan, por 1 taza de fideos partidos en trozos pequeños.

SOPA DE PASTAS O FIDEOS

INGREDIENTES:

- 4 tazas de caldo de sustancia.
- 1 cucharada zumo de limón.
- 1 taza de fideos cabello de ángel.
- 1 ramita de yerba buena.

INSTRUCCIONES: Póngase el caldo a hervir con la olla de presión destapada; cuando esté hirviendo échense los fideos, partidos del tamaño que se desee; una ramita de yerba buena; una cucharada de zumo de limón.

Tápese la olla; cuando el vapor salga por la válvula de escape, póngase el indicador de presión siguiendo las instrucciones de la marca de la olla. Una vez marque las 15 libras, apártese la olla del fogón y déjese que la presión baje lentamente.

Esta receta puede modificarse de la siguiente forma: si es fideo grueso o mediano, cocínese 4 minutos a 15 libras de presión, dejando siempre que la presión baje sola.

SOPA DE LEGUMBRES

INGREDIENTES:

½ taza de tomates naturales, sin semillas.
4 tazas de caldo de sustancia.
½ libra de papas.
½ taza de zanahoria.
2 cucharadas de arroz.
½ taza de col.
1 taza de calabaza.
½ manojo de acelgas.
1 cucharadita de sal.
¼ libra de jamón.

INSTRUCCIONES: Lávense los vegetales, picándose en trozos pequeñitos; pónganse en la olla con el jamón y demás ingredientes. Tápese la olla. Cuando el vapor salga por la válvula de escape, póngase el indicador de presión siguiendo las instrucciones de su olla, y al marcar las 15 libras de presión, rebájese el calor y cocínese 10 minutos. Pasado este tiempo, apártese la olla del calor y déjese que la presión baje lentamente.

Cuando no salga vapor por la válvula, destápese la olla y sírvase la sopa. Se puede pasar, si se desea, previamente por un colador de puré.

SOPA DE PLATANO VERDE

INGREDIENTES:

2 plátanos verdes.
5 tazas de caldo de sustancia.

INSTRUCCIONES: Pélense dos plátanos verdes; córtense en rebanaditas lo más finas posible. Póngase la olla vacía y destapada a calentar 5 minutos; échese manteca abundante; cuando esté bien caliente; fríanse los plátanos poco a poco hasta dorarlos; pásense por la máquina de moler; póngase a calentar el caldo en la olla y échense los plátanos molidos. Tápese la olla. Cuando el vapor salga por la válvula de escape, póngase el indicador de presión siguiendo las instrucciones de la olla y en cuanto marque 15 libras de presión, rebájese el calor y déjese cocinar la sopa 3 minutos. Pasado este tiempo, apártese la olla del calor y déjese que la presión baje lentamente.

Esta receta puede modificarse del siguiente modo:

Pélense los plátanos y pártanse en ruedas de ½ pulgada; fríanse en abundante grasa y a fuego lento hasta dorarlos ligeramente; échense en un plato y aplástense ligeramente con el mazo del mortero; sumérjanse con agua con sal unos minutos; vuélvanse a freir y dórense.

Póngase a hervir el caldo en la olla de presión destapada y échense los plátanos. Tápese la olla. Al salir vapor por la válvula de escape póngase el indicador de presión, y al marcar las 15 libras apártese la olla del calor y déjese que la presión baje sola.

También puede cocinarse el plátano crudo con el caldo, y después pasarlo por un colador de puré. Para cocinarlo, siempre 5 minutos a 15 libras de presión y partido en trozos pequeños.

SOPON DE ARROZ O RANCHO

INGREDIENTES:

- ¼ libra de garbanzos, puestos en remojo 3 horas por lo menos.
- ½ taza de arroz.
- 4½ tazas de agua.
- ¼ cucharadita de azafrán tostado.
- 1 cucharada de pimentón.
- ½ libra de carne de res.
- ½ libra de papas.
- 4 cucharadas de tocino picadito.
- 1 cebolla grande.
- 1 ají (pimiento).
- 4 tomates.
- ½ cucharadita de sal.
- 1 ramita de yerba buena
- 2 cuadraditos de caldo concentrado

INSTRUCCIONES: Se ponen en la olla con los garbanzos, el agua del remojo de los mismos completando hasta hacer la cantidad de agua indicada en la receta, las papas picaditas, la carne y el tocino y demás ingredientes, todos bien picados y en crudo.

Tápese la olla. Cuando el vapor salga por la válvula de escape, póngase el indicador de presión siguiendo las instrucciones de la marca de la olla, y al indicar las 15 libras, rebájese el calor y cocínese el sopón durante 10 minutos, al cabo de los cuales debe retirarse la olla del fuego y dejar que la presión baje sola. Cuando no salga vapor por la válvula, destápese, échese el arroz y cocínese 5 minutos a 15 libras de presión. Pasado este tiempo, apártese la olla del calor y déjese que la presión baje lentamente.

SOPA DE JUDIAS

INGREDIENTES:

- 1 libra de judías puestas en remojo 3 o 4 horas.
- 3 cucharadas de manteca.
- 1 cebolla.
- 6 tazas de agua.
- 1 cucharada de pimentón de buena calidad.
- 4 ajíes (pimientos) pequeños.
- 1½ cucharadas de sal.
- ¼ cucharadita de pimienta blanca.

INSTRUCCIONES: Pónganse en la olla de presión las judías y todos los demás ingredientes, sin sofreír.

Tápese la olla. Cuando el vapor salga por la válvula de escape, póngase el indicador de presión de acuerdo con la marca de la olla, y al marcar 15 libras redúzcase el calor y déjese cocinar la sopa durante 15 minutos.

Pasado este tiempo aparte la olla del calor y déjese que la presión baje lentamente. Una vez que no salga vapor por la válvula de de escape, destápese la olla y pásese todo por un colador de puré. Al servirse se adornará esta sopa con cuadraditos de pan duro, previamente dorados en abundante manteca o aceite.

Si se le agregan a esta sopa 2 cuadraditos de caldo se obtendrá un sabor delicioso, en este caso échese ½ cucharadita de sal.

Las proporciones indicadas alcanzan para 8 raciones.

COCIDO A LA MADRILEÑA

INGREDIENTES:

- ½ lb. de garbanzos, puestos en remojo 4 o 5 horas, bien lavados y escogidos, pues en el agua de los mismos se cocinarán.
- 1 hueso de rodilla (chocozuela).
- 1 libra de carne de falda bien limpia, partida en pedazos medianos.
- 2 tomates enteros.
- 1 hueso de jamón, pequeño.
- ½ gallina (si se desea).
- 2 onzas de tocino entero
- ½ libra de papas grandes partidas a la mitad.
- ½ libra de col entera o repollo.
- 1 cebolla mediana entera.
- 10 tazas de agua (de la del remojo de los garbanzos).
- 1 cucharada de sal.
- 1 chorizo (pinchado para evitar que se parta).

INSTRUCCIONES: Se cocina todo junto en crudo, con las 10 tazas de agua, incluyendo en ella la de los garbanzos en remojo.

Tápese la olla. Cuando el vapor salga por la válvula de escape, póngase el indicador de presión según las instrucciones de la olla. Al marar las 15 libras, redúzcase el calor y déjese cocinar el cocido 20 minutos.

Una vez transcurrido este tiempo, apártese la olla del calor y déjese que la presión baje lentamente. Cuando no salga vapor por la válvula de escape, ábrase la olla, cuélese el caldo, al que se podrán agregar pastas o fideos, cocinándolos por 3 minutos a 15 libras de presión. Al cabo de este tiempo apártese la olla del fuego y déjese que la presión baje lentamente.

Este plato se sirve en tres partes: la sopa, los garbanzos con las papas y vegetales, y la carne, el chorizo, tocino y gallina aparte.

Advertencia importante: nunca llene su olla más de las ¾ partes de su capacidad interior. Si su olla es pequeña haga esta receta en dos partes.

SOPA DE AJOS

INGREDIENTES:

- 1 cucharadita de sal.
- 5 o 6 hojas de yerba buena.
- 2½ tazas de agua.
- 1 poco de azafrán tostado, o 1 cucharadita de pimentón.
- 2 dientes de ajo machacados.
- 6 cucharadas de aceite de oliva.
- 6 tazas de pan duro partido en pedazos pequeños.

INSTRUCCIONES: Se calienta la olla vacía y destapada 2 ó 3 minutos; se echan en ella el aceite y los ajos y se doran estos últimos ligeramente. Se añade el pan y se revuelve, hasta que absorba la grasa. Añádanse después el agua, la sal, la yerba buena y el pimentón o azafrán.

Tápese la olla. Cuando el vapor salga por la válvula de escape, póngase el indicador de presión según las indicaciones de la olla, y al marcar las 15 libras apártese la olla y déjese que la presión baje lentamente.

Cuando no salga vapor por la válvula de escape destápese la olla y agréguense los 4 huevos con sus claras, separadamente. Tápese la olla y déjese fuera del fuego, para que con el calor de la sopa se cuajen los huevos.

Sírvase poniendo 1 huevo cuajado dentro de la sopa para cada ración. Esta receta da cuatro raciones.

MODIFICACIONES: Pueden ser suprimidos el azafrán, o pimentón, y en vez de 4 huevos echarle solamente 1 ó 2 batidos, dejándose siempre en la sopa bien caliente unos minutos hasta que se cuajen.

CALDO VEGETAL Y VIANDAS

INGREDIENTES:

- 4 cucharadas de aceite.
- ½ taza de cebolla picada.
- 5 tazas de agua.
- ½ libra de papas.
- ½ libra de malanga.
- 1 taza de puré de tomates.
- ¼ cucharadita de azafrán tostado.
- ½ taza de zanahorias.
- ½ libra de yuca.
- ½ libra de ñame.
- ½ libra de calabaza.
- ¼ libra de col.
- 1 diente de ajo.
- 1 cucharada de sal.
- 1 manojo de habichuelas.

INSTRUCCIONES: Póngase la olla con el aceite y fríase el ajo machacado, sacándose; agréguese el agua con el azafrán, la sal y todos los ingredientes picados en trozos pequeños.

Tápese la olla. Cuando el vapor salga por la válvula de escape póngase el indicador de presión siguiendo las instrucciones de la olla, y al marcar las 15 libras, rebájese el calor y cocínese 15 minutos.

Pasado este tiempo, apártese la olla del calor y déjese que la presión baje sola. Cuando no salga vapor por la válvula de escape, destápese la olla y cuélese el caldo. Las viandas y verduras pueden aprovecharse para ensalada, echándoles aceite y vinagre

---

Solicitamos Agentes para la distribución de los productos
APISERUM en ciudades de los Estados Unidos
y Puerto Rico.

Pida informes a:

SRA. MARIA TERESA COTTA
121 S. E. 1st Street, Apt. 918 Langford Bldg.
Miami, Fla. 33131 — Tel. 377-0108
Ave. Ponce de León 855, Piso 4to. Apto. 7
Miramar, Parada 11, Puerto Rico - Tel. 723-5818

FRITURAS, EMPANADILLAS, ETC.

FRITURAS DE BACALAO

INGREDIENTES:

½ libra de bacalao.
1 taza de pan rallado.
1 taza de harina.
1 taza de leche.
5 cucharadas de perejil bien picado.
1 taza de cebolla picada lo más pequeño posible
1 cucharadita de sal.
3 huevos.
1 cucharada de levadura.

INSTRUCCIONES: Póngase 1 día en remojo el bacalao partido en trozos pequeños en el refrigerador, cambiándosele el agua 2 veces al día. Sáquense los pellejos y las espinas con cuidado; pártase en trocitos muy pequeños; hágase una pasta con la leche, la harina, el pan rallado, el perejil, los tres huevos batidos y el bacalao; todo en frío échese la levadura y fríase todo cogiendo cucharadas medianas de esta pasta y echándolas en manteca caliente sin exceso. La cantidad de manteca que debe haber sido puesta en la olla es de 1 libra, y hasta que no haya empezado a echar humo no debe comenzar a freír la pasta, lo cual debe hacerse, desde luego, con la olla destapada. Después de fritas las medias cucharadas de la pasta, deben colocarse las frituras resultantes en un papel absorbente, para que recoja la grasa que destilan. Sírvanse calientes.

ADVERTENCIA: No se debe calentar mucho la grasa; procúrese que queden las frituras de un color dorado.

Con los ingredientes indicados se obtendrán 35 frituras.

Todos los economistas están de acuerdo en que la comida es vida, y que en caso de reducción del presupuesto doméstico, la última partida que debe afectarse es la de la comida.

SANDWICH DE PAPAS

INGREDIENTES:

1 libra de papas.
2 onzas de jamón.
¼ taza de cebolla.
2 onzas de queso.

½ taza de pan rallado.
1 cucharadita de perejil picado.
2 huevos.

INSTRUCCIONES: Pélense y pártanse las papas en ruedas de ½ pulgada; póngase ½ taza de agua en la olla de presión con la parrilla puesta; colóquense las papas con la sal y tápese la olla. Cuando el vapor salga por la válvula de escape, póngase el indicador de presión según las instrucciones de la olla, y cuando haya alcanzado las 15 libras rebájese el calor y cocínense las papas durante 8 minutos. Enfríese la olla. Cuando no salga vapor por la válvula de escape, destápese. Hágase un sofrito con dos cucharadas de manteca a fuego muy lento en una sartén y agréguesele el jamón, la cebolla y el perejil, pasados previamente por la máquina de moler con la cuchilla más fina. Echesele una cucharadita de harina y una de leche, uniéndolo todo muy bien.

Cójanse pequeñas proporciones de esta pasta, poniéndolas en la papa bien extendida; colocándole otra capa de papa arriba de dicha pasta, y envuélvala cada uno de estos pequeños sandwichs en huevo batido y pan rallado. Fríanse en manteca caliente y abundante, hasta que estén doradas. Colóquese en una fuente adornada alrededor con hojas de lechuga y ruedas de tomate de ensalada encima de ellas, formando un círculo. Los sandwichs de papas en el centro.

FRITURAS DE ARROZ BLANCO

INGREDIENTES:

4 cucharadas de azúcar.
1 taza de arroz blanco cocinado (puede aprovecharse del sobrante de las comidas).

½ cucharadita de levadura.
1 taza de leche.
¼ cucharadita de sal.
10 cucharadas rasas de harina de Castilla.

INSTRUCCIONES: Mézclense el arroz, el azúcar y la harina disuelta en leche. Echese la levadura y mézclese bien. Téngase esta pasta descansando 5 ó 10 minutos. Póngase la olla de presión vacía y destapada, 5 minutos a calentar; échese 1 libra de manteca. Cuando la grasa empiece a echar humo, fríase la pasta en cantidades de cucharadas medianas, poniendo las frituras sobre un papel para que absorba la grasa. Echeseles por encima azúcar blanca y sírvanse.

Apiserum

no es medicina ni droga, sino pura **JALEA REAL**, *producto dietético nacido de une busca natural Francesa*

APISERUM es una forma estabilizada de JALEA REAL, obtenida después de muchos años de indagaciones por el famoso biologista francés De Belvefer; Acogido con entusiamo en el Congreso Bio-genético de Baden-Baden, Alemania, APISERUM obtuvo rápidamente una fama internacional, y ahora se vende en casi todo el mundo. Como todos los productos de alta calidad, el éxito de APISERUM provocó muchas imitaciones, para la confusión del público.

Cuidado a las imitaciones...

Insistimos sobre el apellido APISERUM, y la firma B. de Belvefer sobre cada paquete... la única JALEA REAL patentada y estabilizada.

Importadora y distribuidora exclusiva en Estados Unidos, Puerto Rico e Islas Vírgenes, Sra. María Teresa Cotta, 121 S. E. 1st. Street, Apto. 918 Langford Bldg. Miami, Fla. 33131, Tel. 377-0108

Ave. Ponce de León 855, Piso 4to. Apto. 7, Miramar, Parada 11 Puerto Rico, Tel. 723-5818.

PREGUNTAS Y CONTESTACIONES SOBRE

Apiserum

¿ PORQUÉ APISERUM ES DIFERENTE DE OTROS PRODUCTOS DE JALEA REAL ?

APISERUM es una solución estabilizada de Jalea Real pura, nacida de las buscas nutritivas francesas. Solo el procedimiento patentado con el apellido APISERUM permite la verdadera estabilización de la Jalea Real. A la diferencia de imitaciones, APISERUM no contiene células extrañas, larvas de abejas, ni tampoco vitaminas adjuntas.

¿ APISERUM DEBE SER TOMADO SOLAMENTE CON PRESCRIPCION MEDICAL ?

APISERUM no es una droga, ni un medicamento. No tiene ninguna contra-indicación. Como producto natural dietético, no es preciso ninguna prescripción medical.

¿ QUE GARANTIA OFRECE APISERUM DE SU CALIDAD Y POTENCIA ?

Además del control de fabricación meticuloso, APISERUM fué garantizado por el Ministerio Francés de la Salud Pública, garantia de pureza y estabilidad. La fuerza de APISERUM es controlada científicamente y adecuada para el cuerpo humano, y visada por un químico competente del Ministerio Francés de la Salud. Cada paquete tiene un número de control y cada ampolla es absolutamente cerrada, para asegurar frescura y calidad; es su garantia contra toda modificación.

¿ ES NECESARIO TOMAR APISERUM DURANTE UN LARGO TIEMPO PARA TENER LOS MEJORES RESULTADOS ?

Un paquete de APISERUM (una cura), se compone de 24 ampollas, a tomar cada día hasta el fin. Los efectos generalmente permanecen algunos meses, algunas veces más, o indefinidamente. Como las constituciones de cada persona son diferentes, no se puede decir exactamente el momento más apropiado. Es un caso de especie.

APISERUM ES FACIL A TOMAR :

Una caja de APISERUM se compone de 24 ampollas de vidrio. La dosis propuesta es de una ampolla por dia, media hora antes del desayuno en 1/3 de agua tibia. La ampolla especial se abre facilmente. Es preferible agitar la ampolla antes de abrirla para mezclar la materia activa en suspensión.

La Jalea Real es el fomento único de la Reina de las Abejas. Es totalmente diferente de la miel, y extrañó a los científicos desde 1700. En 1894, algunos de sus misterios se descubrieron por Leonard Bordas, un sabio francés, el cual descubrió que la Jalea Real es elaborada por glándulas espaciales de la cabeza de las obreras, las cuales abastecen a la Reina. Como su origen es la misma, la única diferencia es el aumento considerable de este fomento. Este fenómeno se considera como uno de los verdaderos milagros del mundo...

Las reinas de abejas se hacen... no nacen.

Al lado de la abeja común, la Reina es una criatura fantástica. Su vitalidad y fecundidad son extraordinarias. Se vuelve más impresionante en altura y belleza. Su vida es muchas veces más larga que la de sus obreras... 4 a 6 años contra algunos meses.

Extrañados por esta longevidad y por los poderes extraordinarios de la Reina de las Abejas, muchos sabios intentaron descubrir los factores de la Jalea Real tan beneficiosos para la Reina. 97 % de su composición fué déterminado, pero el verdadero análisis queda un misterio. Es por eso que, mientras muchas buscas y ensayos, no fué posible ejecutar y producir sintéticamente la Jalea Real... Sólo las abejas pueden producir la Jalea Real.

Desde la descubierta de la Jalea Real, los técnicos buscaron las posibilidades de sus efectos sobre los hombres. Muchas relaciones, por ilustres sabios, fueron publicadas en Periódicos Oficiales, diarios y presentadas en el Congreso Internacional de Médicos y Biogenéticos. Ninguna explicación científica fué descubierta. Sólo quedó el secreto de la Natura. Mientras que los científicos persiguen sus buscas sobre el valor de la Jalea Real para el cuerpo humano, y las curas...

No pudiendo compararse a otros productos de Jalea Real, APISERUM se establece desde una busca de 1938, cuando uno de los peritos en abejas, el biologista francés de Belvefer, realizó el estudio de la Jalea Real y sus posibilidades para el cuerpo humano. Esta busca fué dirigida por de Belvefer, único responsable de la introducción de la JALEA REAL en los tratamientos para humanos.

De Belvefer descubrió que la JALEA REAL era muy instable, y que, en menos de 48 horar después de su producción, su poder era perdido sin estabilizacion propia.

Después de muchos años de buscas, de Belvefer logró el procedimiento de estabilización de la JALEA REAL, actualmente patentada con el apellido : APISERUM, conteniendo, por la primera vez, las cualidades de la JALEA REAL.

Ahora son 4...
...Y SEGUIMOS CRECIENDO
Mas Beneficios para los Miembros de
FLORIDA CULTURAL AND HUMANITARIAN SOCIETY, INC.

Mas de $10.000 de Beneficios
Formidable Plan, para aquellas personas que no tienen otro seguro de Hospitalización, y que pueden recibir más de diez mil dólares de beneficios, incluyendo cada miembro de su familia, por accidente o enfermedad.

El Otro Nuevo Plan
Para los Miembros que tienen Seguro de Hospital, pero que necesitan de un Plan adicional que los provea de beneficios reales.

Para las Personas con Mas de 65 Años
Tenemos un gran Plan de SEGURO DE HOSPITALIZACION, para las personas mayores de 65 años, incluyendo a los que tienen Medicare.

Y Para Mayor Garantía...
Todos los Planes de Seguro son amparados por KENNESAW LIFE AND ACCIDENT INSURANCE CO., de Atlanta, Georgia, cuyas oficinas en esta Ciudad de Miami, atiende directamente todas las reclamaciones, que son pagadas aquí en Miami, para más rápido servicio a todos nuestros miembros.

Y Mas Todavía...
Además de todos los beneficios ofrecidos anteriormente, los Miembros de la Florida Cultural and Humanitarian Society Inc., disfrutan de los magníficos servicios de la confortable y moderna.

Todas las promesas hechas desde nuestra fundación han sido cumplidas...
¡SON HERMOSAS REALIDADES EN 1968!
Donde le ofrecemos
DOS NUEVOS PLANES ADICIONALES
que le brindan tranquilidad y magníficos beneficios

CLINICA CUBANA
FLAGLER Y 12 AVE.   LA UNICA
DIRECCION QUE NO SE OLVIDA

LA MAS GRANDE Y MEJOR EQUIPADA DE LAS CLINICAS LATINOAMERICANAS DE MIAMI

con 24 horas de servicio incluyendo domingos y días festivos

FRITURAS DE PLATANO

INGREDIENTES:

2 plátanos maduros, salcochados en la olla de presión. (5 minutos, a 15 libras de presión).
1 cucharadita de canela.
1 cucharadita de vainilla
3 cucharaditas de azúcar
½ cucharadita de levadura.
2 huevos.
½ taza de leche.
½ taza de harina.

INSTRUCCIONES: Póngase a calentar la olla de presión vacía 8 minutos, y échesele una libra de manteca.

Prepárese la pasta de las frituras de la siguiente manera: aplástense los plátanos uniéndolos a los demás ingredientes, excepto los huevos. Sepárense las claras de las yemas y bátanse éstas a punto de nieve, echándoles después las yemas y batiendo claras y yemas hasta formar una pasta. Fríanse en cucharadas pequeñas, en manteca no muy caliente, hasta dorarlas. Ecúrrase bien la grasa, colocándolas después de fritas, en una vasija con un papel absorbente dentro, y sírvanse polvoreándolas con azúcar sin refinar.

CHURROS

INGREDIENTES:

3 tazas de harina.
2 tazas de agua.
1 taza de leche.
1 cucharada de aceite de oliva.
1 cucharadita de sal.
1 cucharadita de levadura

INSTRUCCIONES: Caliéntese la leche y el agua, agregándole 1 cucharada de aceite y la sal; cuando esté a punto de hervir échesele la harina revolviéndola enseguida con cuchara de madera hasta formar una pasta bien mezclada. Póngasele después la levadura revolviendo continuamente hasta unirlo todo bien. Apártese del calor.

Fríanse en la olla de presión destapada, con abundante aceite caliente (400 grados F.) El procedimiento para freírlos es poner la pasta en una manga, de las propias para decorar "cakes", poniéndole una boquilla del tamaño más grande. Apriétese la manga con la mano, para sacar la pasta en trozos y freirla. Hay también aparatos especiales hechos de lata y con un mazo de madera en los cuales se introduce la masa, que se aprieta con el mazo para hacer los churros, que deben freirse escurriéndoles bien la grasa, después de fritos, sobre un papel absorbente, y echándoles por encima azúcar. La masa debe de freirse tan pronto se acabe de mezclar, pues si se deja enfriar se endurece demasiado.

FRITURAS DE MAÍZ TIERNO MOLIDO

INGREDIENTES:

½ taza de maíz tierno molido.
1 cucharadita de sal.
½ taza de leche de vaca.
1 cucharadita de levadura.
1 taza de harina de Castilla.

INSTRUCCIONES: Mézclense los ingredientes de la receta, fríos, hasta formar con ellos una pasta uniforme. Póngase la olla vacía a calentar 8 minutos. Échese abundante manteca, y cuando empiece a echar humo, fríase a cucharadas la pasta de las frituras. Colóquense en una vasija destapada, con papel absorbente en su interior.

EMPANADILLAS

INGREDIENTES:

2 huevos.
2 cucharadas de levadura
2 cucharadas de manteca
2 tazas de harina
2 cucharadas de mantequilla
2 cucharadas de azúcar.
3 cucharadas de vino

INSTRUCCIONES: Ciérnase la harina con la levadura y el azúcar; échense los huevos sin batir, la manteca y la mantequilla ; mézclese todo, amasándolo suavemente, y agréguese lentamente el líquido formado por el vino. Trabájese la masa hasta que se desprenda de la mano con facilidad. Debe amasarse con el rodillo extendiéndose suavemente a un espesor de un octavo de pulgada; córtese del tamaño que se desee, colóquese en el centro el jamón pasado por la máquina (con la cuchilla más fina); dóblese y humedézcanse los bordes con agua antes de cerrar la empanadilla; presiónense estos bordes con un tenedor, a fin de que quede la empanadilla bien cerrada.

También puede hacerse el relleno con carne de res, pollo o pescado. En este caso se le hará un sofrito con muy poca grasa, agregándole cebolla molida y un poco de pimienta también molida.

IMPORTANTE: Fríanse en manteca abundante y caliente sin exceso; voltéense varias veces hasta que queden doradas.

Estas empanadillas pueden hacerse rellenas de trocitos de guayaba o coco en almíbar, después de exprimirlo bien, para sacarle dicho almíbar.

Unas de las razones más poderosas por que debemos incluir vegetales y frutas en la dieta, es la de asegurar una cantidad liberal de cada una de las vitaminas necesarias al organismo.

FRITURAS DE CALABAZA

INGREDIENTES:

- 1 libra de calabaza, cocinada al vapor según las instrucicones de la página N° 25.
- ½ cucharadita de levadura.
- 2 cucharadas de azúcar.
- ¼ cucharadita vainilla.
- 2 huevos bien batidos.
- 6 cucharadas de harina de Castilla.

INSTRUCCIONES: Mézclense todos los ingredientes hasta formar una pasta. Fríanse en manteca caliente y abundante en cucharadas medianas; cuidando de que no se quemen y que no se caliente demasiado la grasa.

Pueden servirse cubiertas de azúcar blanca y hacer una almíbar ligera, agregándoseles en el momento de servirse.

FRITURAS DE MALANGA

INGREDIENTES:

- 1 libra de malanga.
- ¼ cucharadita de pimienta molida.
- 1 cucharadita de sal.
- 2 cucharadas de perejil picadito.
- 2 huevos.
- ½ cucharadita de levadura.
- 1 cebolla mediana, picadita en trozos pequeños.

INSTRUCCIONES: Pélense las malangas y rállense agregándoles después el resto de los ingredientes y los 2 huevos batidos, mezclándose todo bien.

Caliéntese la olla vacía y destapada a fuego vivo durante 5 minutos; transcurrido este tiempo échese 1 libra de manteca y cuando ésta se disuelva completamente, fríase en cucharadas pequeñas la pasta de las frituras, depositándola en un recipiente con un papel absorbente en su interior para recoger el exceso de grasa que tengan las frituras.

Solicitamos Agentes para la distribución de los productos
APISERUM en ciudades de los Estados Unidos
y Puerto Rico.

Pida informes a:

SRA. MARIA TERESA COTTA

121 S. E. 1st Street, Apt. 918 Langford Bldg.
Miami, Fla. 33131 — Tel. 377-0108

Ave. Ponce de León 855, Piso 4to. Apto. 7
Miramar, Parada 11, Puerto Rico - Tel. 723-5818

CROQUETAS DE CREMA

INGREDIENTES:

2 cucharadas de mantequilla.
1 taza de harina.
1½ tazas de leche.
1 taza de queso rallado.
1 cucharadita de sal.

INSTRUCCIONES: Se derrite la mantequilla en una sartén a fuego lento, agregándosele poco a poco cucharadas de harina, queso y leche y revolviendo suavemente hasta que todo se mezcle bien. Cuando se desprenda esta pasta de la sarten y de la cuchara de madera con que se revuelve, ya está en su punto. Apártese del fuego y extiéndase sobre una fuente hasta que esté completamente fría. Si se guardase en el refrigerador, debe taparse para que no se reseque la pasta.

Una vez bien fría esta pasta cójanse pequeñas cantidades y déseles la forma alargada propia de las croquetas. Envuélvase cada una en huevo y pan rallado y fríase en abundante manteca caliente; pero no con exceso. Póngase en una cacerola con un papel absorbente debajo, para que recoja la grasa que suelten.

La olla de presión debe calentarse vacía 8 ó 10 minutos antes de echarle la manteca; las frituras hechas en olla de presión absorben menos grasa y quedan doradas uniformemente, por conservar la olla más calor que una sartén corriente, y haber menos descenso en la temperatura de la grasa, al echar las frituras.

MODIFICACIONES DE ESTA RECETA: Una vez hecha la pasta puede agregarse 1 taza de pollo (después de tierno y desmenuzado), o jamón cocinado, carne, pescado, etc., y colocando dentro de la croqueta antes de formarla (en porciones pequeñas). También pueden freirse dándoles previamente la forma de pequeñas bolitas, para tomarlas con vino o cerveza.

ALGO QUE DEBE INTERESARLE MUCHO:

La Vitamina A estimula el crecimiento, protege contra la xeroftalmia y ceguera nocturna; opone resistencia a las infecciones y mantiene las mucosas. Pero la Vitamina A, que resiste la acción del calor, se oxida fácilmente por la acción del aire. Cocinando en olla de presión queda salvado el inconveniente: los alimentos retienen la Vitamina A.

Son fuentes de Vitamina A: Berzas, espinacas, nabos, zanahorias, boniato, mantequilla, huevos, queso, tomates.

FRITURAS DE SESOS

INGREDIENTES:

1 cabeza de sesos de res.
2 huevos.
½ cucharadita de sal.
½ taza de harina de Castilla.

½ taza de agua.
1 cucharada de mantequilla
½ taza de leche.
1 cucharadita de levadura.

INSTRUCCIONES: Se pone la olla de presión con ½ taza de agua y la parrilla; se lavan los sesos sacándoles la telilla que los cubre; se colocan enteros arriba de la parrilla, echándoles la sal.

Tápese la olla. Cuando el vapor salga por la válvula de escape, póngase el indicador de presión siguiendo las instrucciones de la olla, y al indicar las 15 libras de presión redúzcase el fuego, y déjense cocinar los sesos durante 5 minutos. Transcurrido este tiempo apártese la olla del calor y déjese que la presión baje lentamente.

Quítese la válvula indicadora de presión, y si no sale el vapor, destápese la olla y prepárense las frituras de la siguiente manera:
Se parten los sesos en porciones pequeñas; haciendo una pasta en frío con la harina, los huevos batidos, la leche; se ponen los sesos, y por último la levadura.

Caliéntese 8 minutos la olla de presión vacía, y después échese una libra de manteca. Revuélvase bien la pasta con los sesos, y fríanse en cucharadas medianas, hasta que se doren ligeramente, cuidando de rebajar el calor para que no se quemen y queden crudas por dentro.

Solicitamos Agentes para la distribución de este libro en ciudades de los Estados Unidos y Puerto Rico.
Escriba a:

SRA. MARIA TERESA COTTA
121 S. E. 1st Street, Apt. 918 Langford Bldg.
Miami, Fla. 33131 — Tel. 377-0108
Ave. Ponce de León 855, Piso 4to. Apto. 7
Miramar, Parada 11, Puerto Rico - Tel. 723-5818

RECETAS DE MAIZ Y HARINA DE MAIZ

TAMAL DE ANIS

INGREDIENTES:

- 10 mazorcas de maíz tierno.
- 1 cucharadita de anís en grano.
- ½ taza de leche.
- ½ libra de manteca.
- Hojas de maíz.
- 1 cucharadita de sal.

INSTRUCCIONES: Rállese el maíz en un guayo; mézclese con la leche y cuélese para sacar la paja del maíz, únase manteca derretida, el anís y la sal, mezclándolo todo muy bien.

Se llenan las hojas con 2 cucharadas más o menos de esta preparación; se amarran bien los tomales, poniéndolos a cocinar en agua hirviendo con un poco de sal, cuidando de que el agua cubra los tamales.

Tápese la olla. Cuando el vapor salga por la válvula de escape, póngase el indicador de presión de acuerdo con las instrucciones de su olla. Cuando marque las 15 libras, redúzcase el calor de inmeliato, y cocínese el tamal a esas mismas libras de presión, durante 15 minutos. Apártese la olla del fuego, y déjese que la presión baje lentamente.

Sáquese el indicador de presión a la olla después de tenerla 10 minutos fuera del calor, y al obsrevarse que no sale vapor por la válvula, ábrase, vacíese el agua de los tamales, déjeseles dentro de la olla y tápese ésta de nuevo, hasta el momento de servirlos, al objeto de que se conserven calientes.

USE SIEMPRE LA TAZA Y CUCHARITAS DE MEDIR PARA LA CONFECCION DE LAS RECETAS DE ESTE LIBRO

PASTEL DE MAIZ

INGREDIENTES:

- 1 libra de maíz tierno molido y colado.
- 1 libra de carne de res picada.
- 1 libra de carne de puerco picada.
- 1 diente de ajo picadito.
- 1 taza de cebolla picada.
- 1 taza de leche de vaca.
- 4 cucharadas de manteca.
- 2 cucharadas de perejil picado.
- 2 cucharadas de harina de Castilla.
- ½ cucharada de sal.
- 2 huevos.

INSTRUCCIONES: Caliéntese la olla vacía 5 minutos. Echense la manteca, la carne de res y la de puerco muy picaditas las dos; revuélvase bien con cuchara de madera hasta que empiece a dorarse; pónganse después ajo y cebolla, y al dorarse ésta agréguense la leche, el maíz y la harina de Castilla disuelta en 2 cucharaditas de agua y los huevos batidos. Untese de mantequilla un molde mediano y hondo y échense en él la mezcla que se ha hecho en la olla, y el perejil picado. Pónganse en la olla 4 tazas de agua; tápese el molde con 3 papeles encerados; sujétese bien con hilo para que no penetre el vapor.

Tápese la olla; cuando el vapor salga por la válvula de escape póngase el indicador de presión según la marca de la olla. Al marcar las 15 libras de presión, rebájese el calor inmediatamente y déjese cocinar el pastel por espacio de 20 minutos. Aparte su olla del fuego y deje que la presión baje lentamente.

Sáquese el molde cuando no tenga vapor la olla; téngase unos minutos al aire, cuidando al darle la vuelta, que sea con rapidez, en un plato del diámetro más o menos del molde. Adórnese con pimientos morrones picaditos y sírvase.

ADVERTENCIA: Al desmoldarse, el pastel debe estar tibio, para evitar que se parta.

UNA OPINION AUTORIZADA:

"*Cocción al vapor por presión: Es el método más sencillo y rápido para la cocción de los alimentos. Se mantiene todo el sabor y aroma del alimento, así como su color, y se retienen todas las sales minerales y vitaminas que se pierden por oxidación con el aire y los procesos largos de cocción*".—*Dra Blanca Prieto, Catedrática de la Escuela de Servicio Social de la Universidad de La Habana.*

TAMAL EN HOJAS

INGREDIENTES:
- 3 libras de maíz tierno molido
- ½ libra de tocino.
- 1 cucharadita de ajos picados.
- 1 taza de cebolla picada.
- 6 ajíes (pimientos) picados en la máquina con la cuchilla más fina.
- 2 cucharaditas de sal.
- ¼ cucharadita de comino en polvo.
- 2 libras de carne de puerco.
- 12 aceitunas picadas.
- 4 cucharaditas de jugo de limón.
- ¼ cucharadita de pimienta en polvo.
- ¼ libra de manteca.

INSTRUCCIONES: Se calienta la olla 3 ó 4 minutos y dórese en ella el tocino con la carne de puerco bien picada en trozos pequeños. Cuando esté todo dorado se le agregan los ajíes, la cebolla, los ajos y la manteca, y por último el maíz molido y las aceitunas revolviéndolo todo bien hasta formar una pasta.

Apártese la olla del calor y échense 3 ó 4 cucharadas de esta pasta en cada hoja de maíz lista para envolver el tamal. Antes de envolverlo ha de colocarse otra hoja en sentido inverso al objeto de que puedan doblarse los extremos.

Pónganse 5 tazas de agua en la olla con una cucharada de sal, y cuando ésta hierva colóquense con cuidado los tamales. Tápese la olla. Cuando el vapor salga por la válvula de escape, póngase el indicador de presión según las instrucciones de la olla. Al marcar las 15 libras, redúzcase el calor inmediatamente y déjese cocinar el tamal durante 15 minutos, al cabo de los cuales debe apartarse la olla y dejarse que la presión baje lentamente.

IMPORTANTE: El agua tiene siempre que cubrir el tamal.

TAMAL EN CAZUELA

INGREDIENTES:
- 2 libras de maíz tierno rallado.
- 1 libra carne de puerco.
- ¼ cucharadita de orégano.
- 1 cucharadita de zumo de limón.
- ¼ cucharadita de pimentón.
- ½ taza de cebolla picada.
- ½ cucharadita de perejil.
- 1 cucharada de ajos picaditos.
- 2 cucharaditas de sal.
- 6 ajíes (pimientos).
- 4 cucharadas de puré de tomate.
- 6 tazas de agua hirviendo.
- 4 cucharadas de manteca

INSTRUCCIONES: Lávese la carne de puerco y píquese en pedazos pequeños; sazónese con el orégano, el zumo de limón, el perejil y la pimienta.

Póngase la olla con la manteca al fuego; cuando esté bien caliente dórese la carne hasta que toda la grasa se disuelva y quede casi como un chicharrón. Agréguensele el ají, los ajos y la cebolla, y cuando todo esté dorado, el tomate y el agua con sal.

Al hervir el agua, échese el maíz revolviendo bien con una cuchara de madera.

Tápese la olla. Cuando el vapor salga por la válvula de escape, póngase el indicador de presión de acuerdo con las instrucciones de la olla, y una vez que indique las 15 libras de presión, redúzcase el fuego y cocínese el tamal durante 10 minutos. Pasado este tiempo, apártese la olla y déjese que la presión baje lentamente. Al no salir vapor absolutamente ninguno, ábrase, revuélvase nuevamente el tamal, y sírvase.

FRITURAS DE MAIZ (dulces)

INGREDIENTES:

1/4 libra de harina de maíz.
1/4 cucharadita de sal.
5 cucharaditas de manteca.

3 cucharadas de azúcar (prieta)
1 1/2 tazas de agua.
1/2 cucharadita de levadura.

INSTRUCCIONES: Póngase la olla con el agua, y cuando hierva échese la harina de maíz (de la más fina), con los demás ingredientes, revolviéndolo todo bien con cuchara de madera.

Ciérrese la olla. Cuando el vapor salga por la válvula de escape póngase el indicador de presión de acuerdo con la marca de la olla. Al marcar las 15 libras redúzcase el calor y déjese cocinar la harina por espacio de 15 minutos, pasados los cuales deben apartarse la olla del fuego y dejar que baje la presión lentamente.

A los 8 ó 10 minutos aproximadamente sáquese el indicador de presión, y cuando no salga vapor destápese la olla, revuélvase la harina con cuchara de madera, sáquese de la olla colocándola en una fuente y cuando esté fría póngasele 6 cucharadas de harina de Castilla disueltas en 6 cucharadas de leche, levadura. Mézclese todo. Cuando esté completamente frío, fríase a cucharadas en la olla de presión destapada con abundante manteca. La grasa no debe estar ni muy caliente ni tibia; lo ideal es freír siempre con un termómetro de grasa.

Quien no tiene gran práctica en trabajos de cocina, se expone a que las frituras, o bien absorban demasiada grasa por no estar la misma a la temperatura necesaria, o bien se quemen superficialmente, quedando crudas por dentro. Lo ideal sería, repetimos, un termómetro para grasa, que se coloca dentro de la olla con la manteca, sosteniéndose en el borde de la misma. La temperatura necesaria para estas frituras es de 350 F.

HARINA DE MAIZ EN DULCE
INGREDIENTES:

1 libra de harina, molida lo más fina posible.
1½ litros de leche.
½ libra mantequilla

1½ tazas de azúcar.

2 lascas de canela en rama.
1 taza de agua.
¼ cucharadita de sal.
1 taza de pasas sin semilla.

INSTRUCCIONES: Póngase a calentar el agua, la leche y la sal. Cuando está a punto de hervir, se le agrega la harina lentamente, revolviéndola con cuchara de madera. Se le echa la mantequilla, el azúcar, la canela y la taza de pasas. Se mueve bien todo, revolviéndolo.

Tápese la olla. Cuando comience a salir vapor por la válvula de escape, póngase el indicador de presión de acuerdo con las instrucciones de la olla, y al observarse que marca las 15 libras, redúzcase el calor y cocínese la harina a esa misma presión de 15 libras, durante 10 minutos.

Transcurrido este tiempo, apártese la olla del fuego y déjese que la presión baje lentamente. A los 15 minutos de separada la olla de calor destápese y revuélvase una vez más la harina, con la cuchara de madera. Sírvase en porciones pequeñas, en platos de postre. Estas proporciones dan para 15 raciones. Puede agregarse canela en polvo para adornar el plato.

HARINA DE MAIZ CON CANGREJOS
INGREDIENTES:

½ libra de harina de maíz
8 cangrejos medianos.
2 cebollas medianas.
¼ cucharadita de pimienta molida.
½ libra de tomate natural

8 cucharadas de aceite de oliva.
4 ajíes (pimientos) pequeños.
4 cucharadas de manteca.
2 cucharaditas de sal.
2 tazas de agua.

INSTRUCCIONES: Lávense los cangrejos y pónganse en la olla de presión con una cucharadita de sal y 2 tazas de agua. Tápese la olla, y cuando el vapor salga por la válvula de escape, póngase el indicador de presión según las instrucciones de la marca de la olla. Cuando indique 15 libras de presión rebájese el calor enseguida y cocínese durante 10 minutos, al cabo de los cuales debe apartarse la olla del fuego, enfriarla con agua y cuando ya no salga vapor destaparla.

Pele dichos cangrejos cuidando de partir los trozos del mismo en pedazos pequeños.

Ponga la olla vacía 5 minutos al calor y échele el aceite, manteca, cebolla picada, ajo, tomate, ajíes y pimienta; seguidamente la masa de los cangrejos. Fríase todo ligeramente. Añádasele 4 tazas de agua hirviendo. Seguidamente échese la harina de maíz, revolviéndolo bien todo.

Tápese la olla. Cuando el vapor salga por la válvula de escape, póngase el indicador de presión según las instrucciones de la olla, y cuando este indicador marque 15 libras, rebájese el calor inmediatamente y cocínese 20 minutos.

Aparte la olla del calor; transcurrido este tiempo y deje que baje la presión sola. A los 8 ó 10 minutos, saque la válvula y si no sale vapor ábrala, revuelva la harina de maíz, y sírvala.

HARINA DE MAIZ CON TOMATE

INGREDIENTES:

½ libra de harina de maíz (puesta en remojo la noche anterior).
5 cucharadas de manteca
4 cucharadas de tocino picadito.
½ taza puré de tomate.
3 dientes de ajo.
½ cebolla.
4 ajíes (pimientos)
3 tazas de agua.
Sal a gusto.

INSTRUCCIONES: Caliéntese la olla destapada y vacía 4 minutos, y échese el tocino picadito. Revuélvase con cuchara de madera, y cuando esté dorado agréguensele los ajos, la cebolla, el ají y la manteca.

Añádanse las 3 tazas de agua y 1 cucharadita de sal. Cuando el agua esté hirviendo, échese la harina y revuélvase con cuchara de madera, hasta que quede bien mezclada.

Tápese la olla. En el momento de comenzar a salir vapor por la válvula, póngase el indicador de presión y al indicar las 15 libras de presión, redúzcase el calor y déjese cocinar la harina 25 minutos, al cabo de los cuales se debe separar la olla del fuego y dejar que la presión baje por sí sola.

A los 8 ó 10 minutos puede procederse a abrir la olla; pero nunca si la tapa ofrece resistencia, en cuyo caso hay que esperar más tiempo. Nunca abra la olla cuando la tapa ofrezca dificultad, pues esto quiere decir que aún tiene presión.

Una vez destapada la olla, revuélvase de nuevo la harina con la cuchara de madera y al servirse échese la salsa de tomate sin sofreir, para añadir más vitaminas a su alimento.

HARINA DE MAIZ CON MELADO

INGREDIENTES:

¼ libra de harina de maíz de la más fina.
¼ cucharadita de sal.
2 cucharadas mantequilla

2 tazas de agua.

6 cucharadas de melado de caña.
4 cucharadas de azúcar sin refinar (prieta)
¼ cucharadita de canela en polvo.

INSTRUCCIONES: Póngase la olla con el agua y la sal; cuando ésta hierva, añádanse los demás ingredientes de la receta, mezclándolos bien con una cuchara de madera.

Tápese la olla. Cuando comience a salir vapor por la válvula de escape, póngase el indicador de presión según las instrucciones de la olla. Una vez marque las 15 libras de presión, rebájese el calor y cocínese la harina durante 20 minutos. Transcurrido este tiempo, apártese la olla del fuego y déjese que la presión baje lentamente.

A los 10 minutos aproximadamente de haber quitado la olla de la hornilla, sáquese el indicador de presión y cuando se observe que no sale vapor por la válvula de escape, destápese la olla y revuélvase bien la harina con la cuchara de madera. Sírvase en platos de postre, adornándola con canela en polvo.

HARINA DE MAIZ CON CARNE DE PUERCO

INGREDIENTES:

½ libra de harina puesta en remojo previamente.
½ libra carne de puerco.
1 cucharadita de sal.
1 cebolla grande.

10 cucharadas de puré de tomate.
1 ají (pimiento) grande.
6 cucharadas de manteca
4 tazas de agua.

INSTRUCCIONES: Caliéntese la olla vacía 5 minutos; échesele la grasa y la carne de puerco picada en pedazos pequeños. Cuando esté medio dorada, añádanse la cebolla, el ajo, el ají y la salsa de tomate; después las 4 tazas de agua, incluyendo en ellas la del remojo de la harina. Al comenzar a hervir, échese la harina de maíz, revolviéndola bien con la cuchara de madera, y póngase la sal.

Tápese la olla. Obsérvese cuando sale vapor por la válvula de escape, y póngase enseguida el indicador de presión, de acuerdo con las instrucciones de la olla. Al marcar las 15 libras, redúzcase el fuego y cocínese la harina 20 minutos. Si no se ha puesto la harina en remojo previamente, son necesarios 5 minutos más de cocción. Transcurrido el tiempo indicado, apártese la olla del fuego y déjese que la presión baje sola.

A los 8 ó 10 minutos más o menos, quítese la válvula de presión, y si no sale vapor, destápese la olla y revuélvase bien la harina de maíz con la cuchara de madera. En estas condiciones ya está lista para servirse.

HARINA DE MAIZ CON HUEVOS FRITOS

INGREDIENTES:

- 2 tazas de caldo de sustancia o agua.
- ½ libra de harina de maíz.
- 2 dientes de ajo machados.
- 2 cebollas medianas.
- 6 cucharadas de manteca
- 2 onzas de tocino.
- 1 cucharada de pimentón
- 1 cucharada de sal.

INSTRUCCIONES: Caliéntese la olla 3 ó 4 minutos; échese el tocino bien picadito, revolviéndolo bien con cuchara de madera, hasta que se forme un chicharrón dorado; agréguesele la manteca y la cebolla, la cual debe dorarse ligeramente, e inmediatamente la harina, revolviéndola bien para mezclarla con este sofrito. Añádanse 2 tazas de agua hirviendo mezclada con 2 tazas de caldo y 1 cucharada de pimentón; también los ajos. Revuélvase todo bien y tápese la olla.

Cuando el vapor salga por la válvula de escape, póngase el indicador de presión de acuerdo con la marca de la olla. Al indicar las 15 libras, rebájese el calor y cocínese la harina durante 20 minutos si fué puesta en remojo el día anterior; si no se hubiere hecho así, cocínese durante 25 minutos a esas mismas 15 libras de presión. Transcurrido este tiempo, apártese la olla del calor y déjese que la presión baje lentamente.

Sírvase poniendo un huevo frito sobre cada plato de harina

USE SIEMPRE LA TAZA Y CUCHARITAS DE MEDIR PARA LA CONFECCION DE LAS RECETAS DE ESTE LIBRO

GUISO DE MAIZ TIERNO CON CARNE DE PUERCO

INGREDIENTES:

2 tazas de maíz muy tierno desgranado.
1 libra carne de puerco.
¼ taza de cebolla.
½ taza de puré de tomate.
2 cucharaditas de tocino picadito.
2 ajíes (pimientos)
1 hoja de laurel.
1 cucharadita de sal.
4 cucharadas de manteca
2 dientes de ajo.
½ taza de agua.

INSTRUCCIONES: Caliéntese la olla destapada y vacía y échense la cebolla picada, el ajo, el ají, el tocino y la carne de puerco picadita; una vez dorada esta carne, agréguense el maíz, el tomate y el agua.

Tápese la olla. Cuando salga vapor por la válvula de escape, póngase el indicado rde presión de acuerdo con las instrucciones de la olla. Una vez que haya marcado las 15 libras de presión, rebájese el calor y cocínese la harina 30 minutos. Pasado este tiempo, quítese la olla de la hornilla y déjese que la presión baje lentamente.

De Utilidad para las Familias

Cómo debe distribuirse un presupuesto de cincuenta pesos:

25%	Vivienda y luz	$ 12.50
48%	Alimentos	24.00
8%	Ropa y Calzado	4.00
7%	Gastos diversos	3.50
5%	Distracciones e imprevistos	2.00
	Ahorro	1.50

RECETAS DE PESCADOS Y MARISCOS

BACALAO EN BOLA

INGREDIENTES:

½ libra de bacalao
2 libras de papas.
3 huevos.
2 cucharadas de perejil muy picadito.
½ taza de cebolla pasada por la máquina de moler.

1 cucharada de coñac.
Nuez Moscada, la cantidad que pueda cogerse con la punta de dos dedos.
Pimienta blanca, igual cantidad.
Aceite abundante para freir.

INSTRUCCIONES: Póngase en remojo el bacalao por espacio de seis horas partido en trozos pequeños; píquense las papas en cuadraditos lo más pequeños posible, póngase el bacalao en la olla, las papas picaditas, perejil, coñac, las cebollas y cuatro cucharadas de aceite, tápese la olla, cuando comience a salir vapor por la válvula póngase el indicador de presión, al marcar 10 libras, redúzcase el calor y cocínese siete minutos, transcurrido este tiempo, sumérjase la olla en agua, quítese el indicador de presión, y, cuando no salga vapor puede destaparse la olla; sáquesele al bacalao, con mucho cuidado el pellejo y las espinas; hágase una pasta dentro de la misma olla, aplastándole con las papas valiéndose del mazo del mortero y agregándole dos yemas de huevo, échese la nuez moscada y la pimienta; bátanse las dos claras con el huevo restante. aparte, póngase en una fuente grande un poco de harina y fórmense con la mano unas bolas de tamaño algo menor que un huevo, envolviéndolas en harina y el huevo batido y friéndolas después en abundante aceite caliente, pero no con exceso, sáquese de la grasa con espumadera, puesto que de sacarlas con le tenedor podrían romperse.

BACALAO AL ESTILO ORIENTAL

INGREDIENTES:

1 libra de bacalao.
2 tazas de puré de tomate.
1 taza de aceite de oliva.
2 tazas de cebolla picadita
1 hojita de laurel.
2 lbs. de papas pequeñas.
1 cucharada de jugo de limón.
1 cucharadita de hierba buena, picadita.
2 ajíes (pimientos) pequeños.

INSTRUCCIONES: Póngase en remojo el bacalao cortado en trozos pequeños y cambiándole el agua dos o tres veces, por espacio de seis horas, una vez transcurrido este tiempo sáquense los pellejos y espinas y desmenúcese con los dedos todo lo más posible; caliéntese la olla de presión vacía y destapada dos o tres minutos y échese el aceite y, a continuación, la cebolla y los ajíes; redúzcase el calor y revuélvase bien el sofrito con cuchara de madera hasta que la cebolla se ablande, sin dorarse, seguidamente se une a este sofrito el tomate y el bacalao. Pártanse las papas en ruedas lo más finas posible, colocándose alrededor del bacalao en forma de círculo; seguidamente se le echa el laurel, la hierva buena y el jugo de limón. Tápese la olla, cuando el vapor comience a salir por la válvula de escape póngase el indicador y al marcar 10 libras de presión rebájese el calor y cocínese durante 8 minutos; tarnscurrido este tiempo puede sumergirse la olla en agua para que baje la presión, una vez que se haya sacado el indicador y no salga vapor destápese la olla y quedará este plato listo para servirse.

BACALAO A LA VIZCAINA

INGREDIENTES:

1 diente de ajo.
¾ taza de aceite de oliva.
2 cebollas medianas en ruedas.
1 libra de bacalao, puesto en remojo 1 día en el refrigerador, y al que se le habrá cambiado el agua 4 veces al día.
1 cucharada de pimentón.
1 hoja de laurel.
¼ taza del líquido de la aceituna en conserva.
2 cucharadas de perejil picado.
1 taza de puré de tomate.
2 ajíes (pimientos) picaditos.
1 lata de pimientos morrones.
8 rebanadas de pan, preferiblemente duro.

INSTRUCCIONES: Se calienta la olla, echándole el aceite y el diente de ajo machacado, que una vez dorado debe retirarse de la grasa. Se fríen ligeramente las ruedas de pan, sacándolo y también se fríe ligeramente el bacalao, que tiene que estar envuelto en harina sacudido ligeramente antes de freírse, sin pellejo ni espinas y picado en trozos grandes. Se pone la cebolla y se echan los demás ingredientes de la receta; por último el tomate, el líquido de las aceitunas en conserva, y de los pimientos morrones y el bacalao.

Tápese la olla. Al comenzar a salir vapor por la válvula de escape, póngase el indicador de presión según la marca de la olla, y cuando haya alcanzado las 15 libras redúzcase el fuego y déjese cocinar el bacalao durante 8 minutos.

Pasado el tiempo señalado apártese la olla del calor, y déjese que la presión baje sola. Cuando no salga vapor por la válvula, procédase a abrirla y a servir el bacalao, adornándolo con los pimientos morrones y las ruedas de pan frito.

MODIFICACIONES DE ESTA RECETA: Puede sustituirse el líquido de la aceituna en conserva por 3 cucharadas de vinagre disueltas en ¼ taza de agua y añadiéndole ¼ de cucharadita de orégano tostado.

BACALAO CON TOMATE

INGREDIENTES:

- 1 lb. de bacalao (puesto en remojo 18 horas).
- 1 ají (pimiento) grande verde de ensalada.
- ½ libra de cebolla.
- 4 cucharadas de perejil, picado.
- ⅓ taza de aceite de oliva.
- 1 taza de puré de tomate, preferible pasta.
- 2 dientes de ajo.

INSTRUCCIONES: Pártase el bacalao en pedazos como de 2 pulgadas, aproximadamente; póngase en remojo en un recipiente de cristal, barro o loza, 18 horas, en el refrigerador, cambiándole el agua tres o cuatro veces, como de cuatro a cuatro horas; póngase dentro de la olla de presión: la media libra de cebollas partidas en ruedas grandes, pónganse los trozos de bacalao con el pellejo y las espinas, échese el perejil, disuélvase en la ½ taza de aceite la pasta de tomate; macháquense en un mortero los dos dientes de ajo y únase a la mezcla del tomate y el aceite; échese uniformemente por todo el bacalao; tápese la olla, cuando se inicie la salida del vapor póngase el indicador de presión a 10 libras de presión; al marcar las 10 libras de presión redúzcase el calor y cocínese por espacio de siete minutos; una vez transcurrido este tiempo apártese la olla del calor y déjese que la presión baje sola. Sáquese la válvula de presión, cuando no salga vapor por la válvula de escape destápese la olla, sáquense las espinas y el pellejo al bacalao. Si se quiere la salsa espesa añádase una tostada de pan de molde pulverizada y cocínese con la olla destapada uno o dos minutos.

BACALAO CON QUESO

INGREDIENTES:

1½ lbs. de bacalao (puesto en remojo 18 horas)
5 cucharadas de cebolla rallada.
1 taza de aceite de oliva.
2 cucharadas de jugo de limón.

¼ libra de queso
2 dientes de ajo.
4 cucharadas de vino seco
Harina la suficiente para envolver y freir el bacalao.

INSTRUCCIONES: Póngase el bacalao picado en trozos medianos, 18 horas en remojo, cambiándole el agua a intervalos, tres o cuatro veces; una vez desalado en la forma indicada, colóquese el bacalao dentro de la olla de presión sin agua alguna, tápese la olla; cuando empiece a salir el vapor por la válvula de escape, colóquese el indicador de presión, y al marcar las 15 libras, redúzcase el calor y cocínese por espacio de 2 minutos; apártese la olla del calor y déjese que la presión baje sola, a los tres o cuatro minutos aproximadamente, destápese y sáquese el bacalao con cuidado, sacándole el pellejo y las espinas, cuidando de conservar los trozos enteros; envuélvase en harina y fríase en abundante aceite, colocándose en un recipiente de loza o cristal refractario al calor.

Hágase una salsa de la siguiente forma: póngase la olla de presión con el agua que dejó el bacalao después de cocinado, échese el queso rallado, y los demás ingredientes de la receta, a escepción del bacalao, cocínese a fuego lento con la olla destapada y revolviendo continuamente hasta que adquiera consistencia añada esta salsa al servirlo.

BACALAO CON SALSA BLANCA

INGREDIENTES:

1 libra de bacalao.
1 taza de leche.
3 huevos.
⅛ libra de mantequilla
8 cucharadas de perejil picado.
½ cucharadita de sal.

2 cucharadas zumo de limón.
½ taza de cebolla, pasada por la máquina.
6 cucharadas de maicena.
¼ cucharadita de nuez moscada rallada.

INSTRUCCIONES: El bacalao se pone en remojo 24 horas cambiándole el agua durante ese tiempo 4 ó 5 veces. Se le sacan el pellejo y las espinas, ripiándolo con la mano. Pásense por la máquina, con la cuchilla más fina, la cebolla y el perejil. Hágase una salsa blanca en una sartén de la siguiente forma:

Dilúyase la harina con la mantequilla y la leche, revolviéndolo todo bien y poniéndolo a fuego muy lento; muévase constantemente con la cuchara de madera, hasta que se espese ligeramente. Bátanse las yemas y las claras a punto de nieve. Cójase un molde hondo y úntese con mantequilla; entonces échese el bacalao mezclado con el huevo y las claras; a continuación la salsa con la pimienta y la nuez moscada. Tápese el molde con doble papel encerado, sujetándolo con dos ligas o hilos para evitar que penetre el vapor. Póngase la parrilla en la olla con 3 tazas de agua si la olla es de 6 litros y si es de 4, con 2 tazas.

Tápese la olla. Cuando el vapor salga por la válvula de escape, póngase el indicador de presión de acuerdo con la marca de la olla. Al marcar las 15 libras rebájese el calor y cocínese 20 minutos, al cabo de los cuales debe apartarse la olla del calor y dejarse que la presión baje sola.

MODIFICACIONES A ESTA RECETA. Puede hacerse con marisco o pescado fresco, previamente cocinados a vapor según se indica en las recetas de pescados.

PESCADO GUISADO

INGREDIENTES:

- 1 libra de filete de pargo o sierra, dividido en 4 partes.
- 1 cucharadita zumo de limón.
- 3 cucharadas de perejil picadito.
- 2 cebollas grandes.
- ¼ taza de aceite.
- ¼ cucharadita de pimienta blanca.
- ¼ cucharadita de pimentón.
- 1 libra papas partidas en cuadraditos pequeños.
- 2 cucharaditas de sal.
- ¼ taza puré de tomate.

INSTRUCCIONES: Póngase la olla vacía y destapada al fuego; caliéntese 7 minutos; échense el zumo de limón, un poquito de sal y pimienta al pescado; fríase ligeramente en aceite la cebolla partida en ruedas finitas; échees el puré de tomate y a continuación el pimentón y las papas. Póngase el pescado encima de estos ingredientes, y el perejil picado sobre el pescado.

Tápese la olla. Cuando el vapor comience a salir por la válvula de escape, aminórese el calor y cocínese el pescado 7 minutos. Transcurrido este tiempo, apártese la olla del fuego y déjese que la presión baje lentamente.

Las medidas indicadas en esta receta son para las ollas de 4 litros; para las ollas de mayor tamaño agréguense una cucharada más de agua por cada litro de capacidad.

ESCABECHE DE PESCADO

INGREDIENTES:

- 4 libras de pescado (sierra o serrucho) picado en ruedas gruesas, de ½ pulgada aproximadamente.
- 2 tazas de aceite de oliva.
- 1 taza de vinagre
- 3 cucharadas de pimentón.
- 4 ajíes (pimientos) de ensalada, partidos a lo largo.
- 1 cucharada de sal.
- 2 libras de cebolla partida en ruedas.
- 3 hojas de laurel.
- 2 ajos.
- 4 cucharadas de perejil.
- 1 limón entero.
- 1 cucharadita de pimienta.
- ¼ cucharadita de orégano tostado.

INSTRUCCIONES: Lávese el pescado, séquese con cuidado y sazónese con ajo machacado, pimienta, sal y zumo de limón.

Póngase la olla vacía y destapada con el aceite; cuando éste empiece a echar humo fríanse la cebolla y el ají ligeramente; sáquense de la grasa, y fríase el pescado hasta dorarlo.

Depositese en vasija de barro, cristal o loza, échense todos los ingredientes en crudo y limón partido en rueditas. Tápese. Debe comerse a los seis o siete días de estar en la salsa y de hallarse en el refrigerador.

Las proporciones indicadas en la receta, dan 12 raciones.

PESCADO EN SALSA VERDE

INGREDIENTES:

- 2 lbs. de sierra o pargo.
- ½ taza de perejil picado.
- 1 diente de ajo.
- 1 cebolla grande.
- ½ taza de aceite.
- 2 cucharadas de vinagre
- 1 cucharadita de sal.

INSTRUCCIONES: Lávese el pescado y dénsele unos cortes por ambos extremos a cada rueda para evitar que se encoja la piel al cocinarse. Pásense por la máquina, con la cuchilla más fina, ajo, perejil y cebolla.

Póngase la parrilla en la olla, y encima de la misma la mitad de los ingredientes. Colóquese el pescado. Echese el resto de los ingredientes, 2 cucharadas de agua y el aceite.

Tápese la olla. Cuando el vapor salga por la válvula de escape, póngase el indicador de presión siguiendo las instrucciones de la olla. Al marcar 10 libras de presión rebájese el calor y cocínese durante 5 minutos. Pasado este tiempo, apártese la olla del calor y déjese que la presión baje lentamente.

PESCADO A LA VINAGRETA

INGREDIENTES:

- 2 libras de pargo partido en 6 ruedas, preferible de masa, sin pellejo y sin espinas.
- ¼ taza de ají (pimiento) pasado por la máquina
- 2 pimientos morrones conserva).
- 6 cucharadas de perejil picado.
- ¼ taza de aceite de oliva.
- 4 cucharadas de vinagre
- 4 huevos.
- 2 cucharadas de jugo de limón.
- ¼ taza cebolla pasada por la máquina.
- 6 cucharadas del líquido de la conserva de los pimientos.
- ½ cucharadita de sal.

INSTRUCCIONES: Lávese el pescado y dense dos cortes a cada rueda en el pellejo, para evitar que se encoja al cocinarse. Échese en un mortero el perejil y macháquese bien con el ají, la cebolla y 2 cucharadas de aceite. Hágase una pasta y colóquese la misma proporcionalmente arriba de cada rueda de pescado. Póngase el líquido de los pimientos morrones, el resto del aceite y los 2 pimientos morrones picaditos encima de dichas ruedas, con la sal.

Póngase la olla al fuego con la parrilla; colóquense sobre ésta con mucho cuidado las ruedas de pescado y todos los ingredientes en la forma explicada anteriormente menos los huevos.

Tápese la olla. Cuando el vapor comience a salir por la válvula de escape, póngase el indicador de presión siguiendo las instrucciones de la olla. Una vez marque 10 libras de presión, rebájese el calor y cocínese 5 minutos. Transcurrido el tiempo indicado apártese la olla del calor, y déjese que la presión baje lentamente.

Cocínense aparte en agua hirviendo 4 huevos por espacio de 5 minutos; enfríense los huevos en agua para pelarlos mejor; córtense ruedas, sírvase el pescado adornado de ellos.

PESCADO AL VAPOR

INGREDIENTES:

1 libra de filete de pargo.

INSTRUCCIONES: Lávese el pescado y sazónese con sal y zumo de limón. Póngase la parrilla en la olla y ¼ de taza de agua. Colóquese el pescado encima de la parrilla. Tápese la olla. Cuando el vapor salga por la válvula de escape, póngase el indicador de presión siguiendo las instrucciones de la marca de la olla, y cuando indique 10 libras de presión redúzcase el calor y cocínese el pescado durante 5 minutos. Transcurrido este tiempo, apártese la olla del fuego y déjese que la presión baje lentamente.

Este pescado puede servirse con la salsa mayonesa, salsa de tomate, o a la vinagreta.

CROQUETAS DE BONITO

INGREDIENTES:

- 1 lata de bonito en tomate.
- 1 quesito crema tamaño pequeño.
- 1 taza de pan rallado.
- 2 huevos.
- $\frac{1}{2}$ taza de leche evaporada.

INSTRUCCIONES: Una vez abierta la lata de bonito, échese en un mortero con el quesito crema aplastándose hasta formar una pasta consistente; úntese un poco de mantequilla en las manos y désele la forma alargada propia de las croquetas; envuélvase en pan rallado y en huevo, repitiéndose esta operación cuatro veces, fríase en abundante manteca o aceite caliente, pero no con exceso, pónganse en una fuente, en la que previamnte se colocará una servilleta de papel absorbente con el fin de recoger la grasa que suelten las croquetas.

BACALAO ESTOFADO

INGREDIENTES:

- 1 libra de bacalao.
- $\frac{1}{2}$ taza de petit-pois.
- 1 libra de zanahorias.
- 1 cabeza de ajo.
- 1 hoja de laurel.
- 4 cebollas pequeñas enteras.
- 2 ajíes (pimientos) de ensalada.
- 2 cucharadas de pimentón.
- 2 clavos de especia.
- $\frac{1}{4}$ taza de caldo de sustancia.
- Nuez moscada, la que se pueda coger con la punta de dos dedos.
- $\frac{1}{2}$ libra de col o coliflor.
- 4 cucharadas de coñac.
- 2 cucharadas de hierba buena picadita.
- $\frac{1}{2}$ taza de aceite de oliva.

INSTRUCCIONES: El bacalao debe picarse en pedazos grandes y ponerse en remojo por espacio de 10 horas, cambiándole el agua tres o cuatro veces, a intervalos de 2 horas; píquense todos los vegetales en trocitos pequeños y pónganse dentro de la olla; colóquese el bacalao con pellejo y espinas; disuélvase el pimentón en el aceite hasta unirlo bien, viértase sobre el bacalao, échense el caldo de sustancia y el coñac con todos los demás ingredientes; tápese la olla y al salir el vapor por la válvula de escape póngase el indicador de presión y, al marcar 15 libras, cocínese por espacio de 10 minutos, transcurrido este tiempo apártese la olla del calor y sumérjase en agua para que la presión baje rápidamente; cuando no salga vapor por la válvula, destápese y quedará listo para servirse.

Si se desea poca salsa y consistente, una vez sacados el bacalao y los vegetales de la olla, cocínese destapado hasta que se evapore parte del líquido y quede la salsa más concentrada.

PARGUITO ASADO AL VAPOR

INGREDIENTES:

3 parguitos de ½ libra cada una.
3 cucharaditas de perejil picado.
1 cucharadita de sal.
¼ taza de aceite de oliva
½ taza de cebolla en ruedas.
2 cucharadas de zumo de limón.

INSTRUCCIONES: Póngase la olla con la parrilla al calor; colóquese la cebolla partida en ruedas, y encima póngase el pescado sazonado con sal, zumo de limón y perejil. Echese el aceite y tápese la olla. Al comenzar a salir vapor por la válvula de escape, póngase el indicador de presión según las instrucciones de la olla y déjese cocinar el pargo 5 minutos. Transcurrido este tiempo, apártese la olla del fuego y déjese que la presión baje lentamente.

LANGOSTA ENCHILADA

INGREDIENTES:

1 langosta grande, o 2 pequeñas.
1 diente de ajo.
½ taza de puré de tomate
¼ cucharadita de pimienta.
1 cebolla grande molida.
¼ taza de leche de vaca.
1 cucharadita de sal.
1 ají (pimiento) grande.
6 cucharadas de vino seco
1 hojita de laurel.
¼ taza de aceite de oliva.
¼ cucharadita de pimentón.

INSTRUCCIONES: Pónganse el agua y la langosta en la olla. Tápese. Cuando el vapor salga por la válvula de escape, póngase el indicador de presión siguiendo las instrucciones de la olla, y al indicar 15 libras de presión, rebájese el calor y cocínese la langosta 10 minutos, al cabo de los cuales debe apartarse la olla del fuego y dejar que la presión baje sola.

Cuando no salga vapor por la válvula de escape, ábrase la olla y sáquese la langosta; quítesele la cáscara, extráigasele el "cristal", o sea el cordel que atraviesa la langosta a lo largo, el cual es venenoso y si se deja alguna partícula de él se intoxican las personas que coman la langosta.

Póngase la olla vacía y destapada a calentar 3 ó 4 minutos; échense la cebolla molida, el ajo, el ají, todos los demás ingredientes, la langosta partida en pedazos pequeños y 8 cucharadas de agua. Revuélvase bien todo y cocínese con la olla destapada, hasta espesar la salsa según se desee.

ENSALADA DE BONITO

INGREDIENTES:

1 lata de bonito en aceite
1 taza de cebolla en ruedas.
1 pomito de aceitunas con su aliño.
1 diente de ajo pequeño.
$1/4$ taza de vinagre
2 libras de papas, pequeñas.
1 libra de zanahorias.

INSTRUCCIONES: Pélense las papas y la zanahoria y pártanse en pedacitos cuadrados lo más pequeños posible, póngase la parrilla en la olla de presión con $1/4$ de taza de agua, colóquense las papas, la zanahoria y la cebolla con una cucharadita de sal, revolviéndolas bien, tápese la olla, cuando el vapor comience a salir por la válvula colóquese el indicador de presión, al comenzar a salir el vapor; cuando marque 10 libras, redúzcase el calor y déjese cocinar por espacio de siete minutos, transcurrido ese tiempo apártese la olla del calor y sumérjase en agua, quítesele el indicador y una vez que ya no salga vapor por la válvula, destápese la olla. Póngase en una fuente las papas y la zanahoria bien extendidas, échese las aceitunas partidas en ruedítas pequeñas, sáquese el aceite del bonito y pártase este en pedazos pequeños esparciéndolo por sobre las papas y la zanahoria; hágase un aliño en un mortero con diente de ajo machacado, $1/2$ cucharadita de sal, el aceite del bonito y el líquido de las aceitunas ,viértase por sobre la ensalada, quedando así lista para poder servirse.

Claridad, luz y alegría... ha de haberlas en la cocina. Lugar de trabajo, de sudor y de fatiga, no. Lugar en que el ama de casa ha de encontrarse tan confortablemente como en cualquiera otra de las cómodas dependencias de su casa.

※ ※ ※

Al fabricar su casa: La cocina pídala cómoda. Pídala amplia. Haga de ella lo que debe ser: un laboratorio. De ningún modo tiene más importancia, en una casa, la sala que la cocina.

※ ※ ※

Repárese que, en sueldos pequeños, nunca baja del 40% el capítulo que los economistas fijan a la alimentación. Es un error rebajar y rebajar la comida, para que alcance el dinero para cosas de menor importancia. La comida es la vida.

MACARRONES Y SPAGUETTI

MACARRONES CON SALSA DE TOMATE

INGREDIENTES:

½ libra de macarrones.
½ taza de tocino picadito.
1 cucharada de aceite de oliva.
1 lata pequeña de puré de tomate.
1 cucharadita de sal, colmada.
3 tazas de agua.
2 cucharaditas de perejil picadito.
½ taza de queso parmesano rallada.

INSTRUCCIONES: Póngase a hervir el agua con la sal en la olla destapada, y échensele los macarrones partidos en pedazos según el tamaño que se desee. Tápese la olla. Cuando el vapor salga por la válvula; póngase el indicador de presión siguiendo las instrucciones de la olla, y al marar las 15 libras de presión, rebájese el calor y cocínense los macarrones 15 minutos.

Transcurrido este tiempo, apártese la olla del fuego y déjese que baje sola la presión. Quítese el indicador de presión, y si no sale vapor por la válvula, destápese la olla, escúrrase el agua de los macarrones y agréguenseles una salsa hecha de la siguiente forma:

Póngase en una sartén el tocino picadito y dórese exprimiéndolo con una cuchara de madera, a fin de que suelte la mayor cantidad de grasa posible, debe freirse a fuego lento; añádasele 1 cucharada de aceite de oliva, cebolla, ajo, perejil, puré de tomate, ají y queso, revolviéndolo constantemente hasta que absorba la grasa la humedad de los condimentos, del tomate y del queso.

Echese esta salsa sobre los macarrones, revolviéndolos bien y dejándolos al fuego 3 ó 4 minutos para que la absorban y se mezclen bien con ella. Si se quieren más secos, pueden ponerse al horno o asador y dorarse ligeramente la superficie añadiéndose más queso.

No abra nunca la olla sin haber quitado la válvula, y haberse expulsado el vapor.

MACARRONES CON LECHE

INGREDIENTES:

1 libra de macarrones.	¼ libra de queso rallado
3 tazas de leche.	1 lata de puré de tomate.
⅛ libra de mantequilla	¼ libra de jamón.
	1 diente de ajo.
1 taza de agua.	1 cucharada de sal.

INSTRUCCIONES: Póngase la olla al fuego con leche, el agua y la sal, y cuando esté bien caliente, casi a punto de hervir, échense los macarrones partidos y tápese la olla.

Cuando se observe que sale vapor por la válvula de escape, póngase el indicador de presión de acuerdo con las instrucciones de la olla, y al marcar las 15 libras de presión redúzcase el calor y déjense cocinar los macarrones 15 minutos. Transcurrido este tiempo apártese la olla del fuego, enfríese enseguida con agua y destápese.

Hágase una salsa aparte con 3 cucharadas de mantequilla 1 diente de ajo machacado, 1 lata de puré de tomate, jamón picadito y ¼ de libra de queso rallado; échesele esta salsa por encima a los macarrones, y cocínense con la olla destapada, hasta que se espese la salsa.

Se puede también, una vez terminada esta operación, colocarlos en el horno para que se doren superficialmente, a una temperatura de 400 grados F.

MACARRONES CON SALSA DE QUESO

INGREDIENTES:

½ libra de macarrones.	1 cucharada de mantequilla
½ taza de jamón, triturado en la máquina de moler.	1 taza de leche evaporada.
2 cucharadas de harina.	½ taza de queso rallado
3 tazas de agua.	

INSTRUCCIONES: Pónganse en la olla las 3 tazas de agua y la sal. Cuando hierva, échense los macarrones partidos en pedazos de 1 pulgada de largo aproximadamente.

Ciérrese la olla. Cuando comience a salir vapor póngase el indicador de presión de acuerdo con las instrucciones de la olla, y al alcanzar las 15 libras de presión, redúzcase el calor enseguida y cocínense los macarrones durante 15 minutos.

Transcurrido este tiempo, apártese la olla del fuego y enfríese con agua inmediatamente. Retírese el indicador de presión, y si no sale vapor por la válvula, ábrase la olla. Teniendo la precaución de secar la goma de la tapa, escúrrase el agua de los macarrones. Hágase una salsa según la siguiente receta:

Salsa de queso para estos macarrones: Derrítase a baño María una cucharada de mantequilla y añádase lentamente; revolviendo constantemente, échense 2 cucharadas rasas de harina y poco a poco, sin dejar de mover, agréguese la leche evaporada. Una vez bien mezcladas la leche, la harina y la mantequilla, añádase ½ taza de queso rallado. Si es posible se batirá la salsa con un batidor de alambre.

Viértase esta salsa sobre los macarrones, conjuntamente con el jamón. Se le puede agregar ¼ cucharadita de pimienta si se desea, y sal.

Tápese la olla sin ponerla al fuego y sin válvula, a fin de que los macarrones absorban el sabor de la salsa.

Estos macarrones pueden ponerse 10 ó 15 minutos al horno, hasta que se dore la superficie.

SPAGUETTI CON BOLAS DE CARNE

INGREDIENTES:

- 2 tazas de spaguetti partidos.
- 2 tazas de caldo de sustancia
- ½ taza de cebolla picada.
- 1 ají (pimiento) muy picadito.
- 5 cucharadas de queso rallado
- ¼ cucharadita de pimienta.
- ½ taza de puré de tomate.
- ¼ libra de carne de primera.
- ¼ libra de jamón.
- 4 cucharadas de vino seco
- 6 cucharadas de maicena (o harina).
- 2 cucharadas de jugo de limón.
- Sal a gusto.

INSTRUCCIONES: Se pone la olla a calentar vacía 3 ó 4 minutos; mientras tanto se forman con la carne y el jamón pasados por la máquina de moler, y agregándoles la harina, el zumo de limón y el vino, unas bolas.

Fríanse las bolas de esta mezcla en la olla, conjuntamente con las cebollas, el ají y el tomate, y en 4 cucharadas de manteca líquida. La operación debe hacerse a fuego lento. Agréguense el puré de tomate y la pimienta y échesele el caldo de sustancia a esta salsa. Cuando hierva, pónganse los spaguetti y encima de éstos las bolas de carne y el queso rallado.

Tápese la olla. Cuando salga vapor por la válvula de escape, póngase el indicador de presión de acuerdo con la marca de la olla, y al señalar las 15 libras, rebájese inmediatamente el calor y cocínense los spaguetti durante 10 minutos. Transcurrido este tiempo apártese la olla del fuego y déjese que la presión baje lentamente.

MACARRONES CON CARNE DE PUERCO

INGREDIENTES:

(Ración para 6 personas)

- 2 libras de carne de puerco.
- 1 libra de macarrones.
- ¼ cucharadita de orégano.
- ¼ cucharadita pimienta.
- 4 cucharadas de tocino picado.
- ¼ cucharadita de pimentón.
- ½ lata de salsa de tomate
- 1 lata de pimientos morrones.
- ¼ libra de queso.
- 1 cucharada de sal.

INSTRUCCIONES: Pónganse 10 tazas de agua en la olla con la sal; déjese la olla destapada, y cuando hierva el agua échensele los macarrones partidos en pedazos pequeños.

Tápese la olla. Cuando el vapor salga por la válvula de escape póngase el indicador de presión (según las instrucciones de la marca de su olla) y al indicar las 15 libras de presión, rebájese el calor y cocínense los macarrones por espacio de 10 minutos.

Transcurrido este tiempo, aparte su olla del fuego y enfríela sumergiéndola en agua. Cuando no salga vapor por la válvula de escape, destape su olla, escúrrale el agua a los macarrones, écheles 2 ó 3 tazas de agua fría y vuélvalos a escurrir.

Póngales una salsa, hecha en la olla de presión, sin los macarrones del siguiente modo:

Caliéntese la olla vacía 8 minutos con un fuego vivo; échesele la carne de puerco, que debe de haberse sazonado con el pimentón; también la pimienta, el orégano y el tocino bien picado; dórese revolviendo continuamente para que no se queme; añádasele de inmediato los pimientos morrones con el líquido de la conserva, el queso y la cebolla. Deberá pasarse todo por la máquina de moler, añadiéndose la carne de puerco y el tocino. Póngase ½ taza de agua a esta salsa.

Tápese la olla. Cuando el vapor salga por la válvula de escape, colóquese el indicador de presión siguiendo las instrucciones de la olla. Al marcar las 15 libras de presión redúzcase el fuego y cocínese durante 10 minutos. Pasado este tiempo, aparte la olla del fuego y deje que la presión baje sola; destape la olla cuando no salga vapor por la válvula de escape; échese esta salsa a los macarrones, y sírvanse.

SALSAS Y CONDIMENTOS

SALSA VERDE (para pescado, papas y ensaladas)

INGREDIENTES:

½ taza de perejil picado.
4 ajíes (pimientos) grandes de ensalada, verdes.
4 cucharadas de limón.
1 taza de aceite.
½ taza de cebolla.
1 cucharadita de sal.

INSTRUCCIONES: Píquense la cebolla, el perejil y los ajíes lo más pequeño posible. Echense en un pomo de cristal junto con la sal y el aceite, procurando llenar el pomo 1 pulgada menos del borde. Tápese el pomo con la tapa provista de un aro de goma. Ciérrese herméticamente.

Póngase 2 tazas de agua en la olla con la parrilla, y el pomo tapado con la salsa, en posición horizontal.

Tápese la olla. Cuando el vapor salga por la válvula de escape colóquese el indicador de presión, de acuerdo con las instrucciones de la olla. Al marcar 15 libras de presión, rebájese el fuego y cocínese 5 minutos.

Pasado este tiempo, apártese la olla y déjese que baje la presión. Al no salir vapor por la válvula de escape, ábrase la olla, y no se saque el pomo hasta que el agua esté tibia, para evitar que se rompa el cristal por el cambio brusco de temperatura.

Cuando esté completamente frío colóquese en el refrigerador tapado herméticamente. Es ideal batir 2 minutos esta salsa en la licuadora.

ADOBO PARA CARNES Y SALSAS

INGREDIENTES:

1 taza de vino seco

2 hojas de laurel.

¼ cucharadita de comino.

⅓ cucharadita de orégano.

¼ cucharadita tomillo seco.

1 cucharadita perejil picado.

INSTRUCCIONES: Se echan los ingredientes en un frasco y se cierran herméticamente, poniéndose en el refrigerador.

Echense pequeñas cantidades de este adobo, para dar sabor a carnes, asados, guisadas y salsas.

MOJO CRIOLLO

INGREDIENTES:

½ naranja agria.
¼ taza de manteca de cerdo.
¼ cucharadita de sal.
2 cucharadas de perejil.
4 dientes de ajo.

INSTRUCCIONES: Se machacan en el mortero los ajos, el perejil y cebolla si se desea, agregándole el zumo de naranja. Se mezcla todo bien. Caliéntese la manteca aparte; cuando empiece a echar humo, échesele esta mezcla.

Este mojo suele emplearse para viandas, lechón y carne de cerdo.

SALSA BLANCA
(para pescados, ensaladas y vegetales)

INGREDIENTES:

2 cucharadas de harina de Castilla.
½ taza de crema de leche
¼ cucharadita pimienta (si se desea)
½ taza de agua, que puede suplirse por caldo, jugos de pescado, mariscos o vegetales cocinados al vapor.
4 cucharadas de mantequilla

INSTRUCCIONES: Póngase la olla con dos tazas de agua. En una vasija aparte dilúyase la harina con los demás ingredientes.

Cuando hierva el agua en la olla de presión destapada, colóquese un recipiente de cristal para horno con la mezcla y revuélvase constantemente durante 7 ó 10 minutos cocinándose a baño de maría. Sáquese de la olla y déjese enfriar. Colóquese en un pomo de cristal tapado, en el refrigerador.

SALSA PARA ESCABECHE

INGREDIENTES:

1 taza de vinagre
2 cucharadas de pimentón de buena calidad, que no sea picante.
1 cucharada de orégano bien seco.
1 taza de aceite de oliva.
1 cucharadita de pimienta blanca.
3 cebollas grandes en ruedas.
1 hoja de laurel.

IMPORTANTE: La cebolla se pone a freír con el aceite a fuego lento y antes que se dore se le agregan los demás ingredientes a esta salsa, apartando la olla del calor. Una vez fría sumérjase en esta salsa después de frito el pescado. Debe estar en esta salsa 5 días en el refrigerador, y en depósito de cristal o barro cubriendo el escabeche.

SALSA RUBIA (para carnes)

INGREDIENTES:

1 taza de caldo de sustancia; también puede hacerse del jugo o líquido que sobre al cocinar carnes o aves.

½ taza de vino de Jerez

¼ cucharadita de sal.

4 cucharadas de harina tostada, bien dorada (en una sartén, moviéndola continuamente hasta que se dore y a fuego lento).

4 cucharadas de mantequilla, si se hace con caldo de carne o aves, se suprime.

INSTRUCCIONES: Póngase la olla de presión, vacía y destapada, con 2 tazas de agua; colóquese la parrilla. En una vasija aparte échese la harina tostada y desleída en el líquido de la salsa. Cocínese a baño de María, colocándose la vasija dentro de la olla de presión destapada y revolviendo constantemente la salsa, durante 10 minutos. Sáquese, y una vez tibia, échese en un pomo y póngase en el refrigerador tapándola.

ADVERTENCIA: Si esta salsa ha sido hecho con líquido que tenga mucha gelatina, caliéntese al servirse a baño de María hasta que se ponga líquida. El pomo no debe llenarse hasta el borde.

¡ESO ES CIVISMO!

En el cinematógrafo se produce una falsa alarma, pero impresiona al público de tal manera, que todos los espectadores abandonan sus asientos y, presas del pánico, se dirigen hacia las puertas de salida, insuficientes para aquella muchedumbre empavorecida.

En esto, un señor pónese en pie sobre el asiento de una butaca y grita con voz estentórea y autoritaria:

—¡Calma! ¡No se vuelvan locos! ¡Calma! Cada uno a su asiento... ¡Vamos! ¡Fuera de los pasillos y de las puertas! Cada uno a su asiento...

El público se siente subyugado y obedece las indicaciones de aquel señor que, una vez que los espectadores dejan las puertas expeditas, se marcha lo más de prisa que puede.

(De A B C, Sevilla)

CUIOSIDAD INDISCRETA

Cochero, vaya usted de prisa, habrá propina.
—Bueno: ¿y adónde vamos?
—Eso es lo que a usted no le importa.

(De Chistes de Calleja).

APERITIVOS Y POSTRES

APERITIVO DE AGUACATE

INGREDIENTES:

2 cucharadas de aceite de oliva.
1½ taza de aguacate amasado (1 aguacate de tamaño mediano).
¼ cucharadita de sal.

1 cucharada de cebolla picada.
1 cucharada de vinagre
3 cucharadas de zumo de limón.

INSTRUCCIONES: Córtese el aguacate por la mitad; apriétese para que salga la semilla y quítese la cáscara. Bátase con la batidora eléctrica. Añádanse los demás ingredientes, mezclándolo todo bien.

Sírvase con galleticas saladas.

COCKTAIL DE CAMARONES

INGREDIENTES:

1 libra de camarones.

3 cucharadas de agua.
¼ cucharadita de sal.

INSTRUCCIONES: Lávense los camarones; póngase en la olla con el agua. Tápese la olla, y cuando el vapor salga por la válvula de escape póngase el indicador de presión siguiendo las instrucciones de la olla. Al marcar las 15 libras, rebájese el calor y cocínese 5 minutos. Transcurrido este tiempo, apártese la olla enfríese con agua.

Cuando no salga vapor por la válvula, destápese la olla, cuélese el líquido que quede de los camarones y pélense. Echesele salsa de tomate y limón, al líquido que quedó; revuélvanse los camarones con esta salsa y póngase en copas individuales a enfriar en el refrigerador.

COCKTAIL DE LANGOSTA

INGREDIENTES:

1 langosta de tamaño mediano.

3 tazas de agua.
¼ cucharadita de sal.

INSTRUCCIONES: Lávese la langosta y póngase en la olla con el agua y la sal. Tápese, y cuando el vapor salga por la válvula de escape, póngase el indicador de presión siguiendo las instrucciones de la olla. Al marcar 15 libras de presión, rebájese el calor y cocínese 10 minutos. Transcurrido este tiempo apártese la olla del calor y enfríese rápidamente ,poniéndola en agua fría.

Cuando no salga vapor por la válvula de escape, destápese la olla y sáquese la langosta. Quítesele la cáscara, y con mucho cuidado sáquese el cristal, o sea una pequeña tripa que atraviesa la langosta, la cual es venenosa y si se deja alguna partícula de ella se intoxican las personas que la comen.

Pártase la langosta en pedazos, y sírvase. Puede echársele salsa mayonesa o salsa de tomate.

COCKTAIL DE CANGREJO

INGREDIENTES:

8 cangrejos.

¼ taza de agua.
¼ cucharadita de sal.

INSTRUCCIONES: Lávense los cangrejos; pónganse en la olla con el agua indicada y la sal. Tápese la olla; cuando el vapor salga por la válvula, póngase el indicador de presión de acuerdo con las instrucciones, y al obtener las 15 libras, rebájese el calor y cuéntense 10 minutos.

Transcurrido este tiempo, apártese la olla del fuego y enfríese enseguida. Quítese la válvula indicadora de presión, y cuando no salga vapor por la tapa, ábrase.

Pélense éstos y pártanse en cuadritos pequeños. Hágase una mayonesa con 2 yemas de huevo, 1 cucharadita de vinagre ½ taza de aceite de oliva. Debe hacerse en la siguiente forma:

Se separan las yemas de las claras, batiéndose las primeras y agregándoles lentamente el aceite, hasta formar la salsa mayonesa; cuando esté espesa.

Sírvanse en copitas individuales y póngase en el refrigerador cubiertos los cangrejos de salsa mayonesa y pimientos morrones partidos en trozos lo más pequeño posible.

COCKTAIL DE ALMEJAS

INGREDIENTES:

2 libras de almejas.

¼ cucharadita de sal.
1 taza de agua.

INSTRUCCIONES: Lávense las almejas y pónganse en la olla con el agua indicada.

Tápese la olla. Cuando el vapor salga por la válvula de escape, póngase el indicador de presión siguiendo las instrucciones de la olla. Al marcar las 15 libras, rebájese el calor y cocínese durante 4 mniutos. Transcurrido este tiempo, apártese la olla del calor y enfríese enseguida. Cuando al quitar la válvula indicadora de presión se observe que no sale vapor, destápese la olla.

Sáquense las almejas de su concha y lávense bien, pues siempre tienen alguna partícula de arena. Pónganse en copas individuales a enfriar en el refrigerador.

A esta receta se le puede agregar jugo de tomate.

COCKTAIL DE FRUTAS REFRIGERADAS

INGREDIENTES:

2 naranjas.

4 plátanos manzanos.

1 taza de trocitos de piña (natural o conserva)

1 taza de uvas sin las semillas o manzanas partidas en cuadritos.

1 taza de zumo de piña.

½ taza de azúcar blanca.

INSTRUCCIONES: Sepárense los gajos enteros de las naranjas y añádanse los trocitos de piña y de uva. Refrigérense las frutas. Colóquense en vasos de helado. Viértase sobre la fruta el zumo de piña. (Cantidad suficiente para 6).

DULCE DE MANGO

INGREDIENTES:

6 tazas de mango partido, no muy maduro, en trocitos pequeños.

6 tazas de azúcar.

INSTRUCCIONES: Echese en la olla de presión el mango y el azúcar. Tápese la olla cuando el vapor salga por la válvula de escape, póngase el indicador de presión (siguiendo las instrucciones de la olla), y al marcar las 15 libras de presión rebájese el calor y cocínese 15 minutos. Pasado este tiempo, apártese la olla del calor y déjese que la presión baje sola. Cuando no salga vapor por la válvula de escape, destápese la olla. Cocínese con la olla destapada hasta que espese el almíbar, según el gusto personal.

MERMELADA DE MANGO

INGREDIENTES:

4 tazas de mango de tamaño grande, bien maduro.

8 tazas de azúcar prieta.
1 cucharadita de canela en polvo.

INSTRUCCIONES: Colóquese el mango dentro de la olla y cúbrase con el azúcar y canela. Tápese la olla. Cuando el vapor salga por la válvula de escape, póngase el indicador de presión, siguiendo las instrucciones de su olla. Al marcar 15 libras de presión, rebájese el calor y cocínese 5 minutos. Transcurrido este tiempo, apártese la olla del calor y déjese que la presión baje lentamente. Cuando no salga vapor por la válvula de escape, destápese la olla y pásese el mango por un colador de puré, para sacarle completamente la fibra. Colóquese en una dulcera y póngase a enfriar.

BONIATILLO

INGREDIENTES:

1 libra de boniato.
1½ tazas de azúcar.
½ taza de agua.

1 cucharadita cáscara de limón rallado.
½ cucharadita de vainilla (si se desea).

INSTRUCCIONES: Pélese el boniato y pártase en ruedas finitas. Póngase la olla de presión con el limón rallado, canela, vainilla, azúcar y agua.

Tápese la olla. Cuando el vapor salga por la válvula de escape, póngase el indicador de presión siguiendo las instrucciones de su olla. Una vez indique las 15 libras de presión, redúzcase el fuego y cocínese durante 8 minutos. Pasado este tiempo, apártese la olla del calor y déjese que la presión baje lentamente.

Quítese la válvula indicadora de presión, y si no sale vapor por la válvula de escape, destápese la olla. Sáquese el boniato y aplástese, pasándolo por un colador de puré.

Esta receta se puede modificar agregándole 1 cucharada de mantequilla y 2 yemas batidas y cocinando el boniato 3 ó 4 minutos con esta mezcla.

Sírvase en platos de postre. Se puede adornar con canela en polvo o maní tostado machacado puesto por encima.

Dicen los bien entendidos que "la digestión no comienza en la boca, sino en la cocina". Efectivamente, la cocinera es un factor decisivo en la salud de la familia.

DULCE DE TORONJA

INGREDIENTES:

3 toronjas.

2 tazas de azúcar.
2 tazas de agua.

INSTRUCCIONES: Pártanse las toronjas, cada una en cuatro partes. Sáquese la pulpa y téngase en remojo 3 ó 4 horas. Transcurrido este tiempo, quítesele el agua y cocínese en la olla de presión, con 6 tazas de agua. Cuando el vapor salga por la válvula de escape, póngase el indicador de presión siguiendo las instrucciones de la marca de su olla, y al indicar las 15 libras de presión, apártese la olla del fuego y déjese que la presión baje lentamente.

Cuando no salga vapor por la válvula de escape, destape la olla. Sáquele el agua y échele agua de nuevo. Esta operación se repite tres veces, en la misma forma indicada anteriormente, cambiándole el agua cada vez para sacarle el sabor amargo propio de la toronja.

Por último, la tercera vez, después de bien escurridas las toronjas, con la olla destapada se hace un almíbar ligera con las 2 tazas de azúcar y 2 de agua, echándose las toronjas en esta mezcla y cocinándola con la olla destapada, hasta espesar el almíbar y terminar de ablandarla.

OREJONES DE MELOCOTONES

INGREDIENTES:

1 libra de orejones.

2 tazas de azúcar.

1 trocito de canela en rama.

1 taza de agua.

INSTRUCCIONES: Lávense los orejones y déjense en remojo 4 ó 6 horas, cambiándoles el agua 2 ó 3 veces, para sacarles el sabor ácido que suelen tener. Deben de ponerse en remojo en vasijas de cristal o barro.

Pónganse en la olla de presión el azúcar, e lagua, los orejones bien escurridos y la canela. Tápese la olla. Cuando el vapor salga por la válvula de escape, póngase el indicador de presión siguiendo las instrucciones de la olla. Al indicar las 15 libras de presión redúzcase el calor y cocínese 5 minutos. Pasado este tiempo, apártese la olla del calor y déjese que la presión baje sola. Cuando no salga vapor por la válvula de escape, destápese la olla.

Esta receta puede modificarse pasando por un colador de puré los orejones y cocinándolos con la olla destapada hasta espesar el almíbar haciéndose una mermelada.

El mismo procedimiento se hace para orejones, albaricoque y peras. Para el de manzana 2 tazas de agua y 4 de azúcar.

CIRUELAS EN ALMÍBAR

INGREDIENTES:

1 libra de ciruelas.
1½ tazas de agua.
3 tazas de azúcar morena, sin refinar.
2 copitas de ron (¼ taza)
1 trocito de canela en rama.
1 cucharadita de cáscara de limón verde.

INSTRUCCIONES: Lávense las ciruelas; déjense en remojo 4 ó 5 horas; échense el azúcar, la canela, la cáscara de limón y las ciruelas con 1½ tazas de agua (incluyendo en ellas la del remojo), en la olla de presión. Tápese. Cuando el vapor salga por la válvula de escape, póngase el indicador de presión siguiendo las instrucciones de la olla, y al obtener la marca de 15 libras, redúzcase el calor y cocínese durante 5 minutos. Pasado este tiempo, apártese la olla del calor y déjese que la presión baje lentamente Cuando no salga vapor por la válvula, destápese la olla, sáquense las ciruelas, y cocínese el almíbar con la olla destapada por espacio de 5 minutos. Agréguense después las ciruelas, hasta espesar el almíbar según se desee.

Después de hecho el almíbar échese el ron, mezclándolo bien.

ARROZ CON LECHE

INGREDIENTES:

¼ libra arroz Valencia.
1 cucharadita cáscara de limón rallado.
2 tazas de agua.
1 lata leche condensada.
¼ cucharadita de sal.

INSTRUCCIONES: Lávese el arroz y déjese en remojo en el agua 1 ó 2 horas. Póngase la olla al fuego y échense las 2 tazas de agua y el arroz. Tápese. Cuando el vapor salga por la válvula, póngase el indicador de presión según las instrucciones de la olla. Al obtener la señal de las 15 libras, rebájese el calor y cocínese durante 5 minutos. Transcurrido este tiempo, apártese la olla del calor y déjese que la presión baje sola. Cuando no salga vapor por la válvula de escape, destápese la olla.

Échesele el arroz, la leche condensada, la cáscara de limón rallada, la sal y la canela en rama. Mézclese todo con cuchara de madera y cocínese destapado 4 ó 5 minutos, hasta que el arroz quede espeso.

ADVERTENCIA: El agua donde quedó en remojo el arroz es la que debe emplearse para cocinarlo. Si no hubiera la cantidad indicada (2 tazas) puede completarse con agua.

Sírvase, y adórnese con canela en polvo.

FRUTA BOMBA EN ALMIBAR

INGREDIENTES:

6 tazas de fruta bomba no muy madura en trozos.
1 lasca de canela en rama
¼ cucharadita de vainilla
4 tazas de azúcar.

INSTRUCCIONES: Echese la fruta bomba mezclándola bien con el azúcar, la canela y la vainilla. Tápese la olla. Cuando el vapor salga por la válvula de escape póngase el indicador de presión de acuerdo con las instrucciones de la olla. Al obtener las 15 libras de presión, rebájese el calor y cocínese durante 5 minutos. Pasado este tiempo, apártese la olla del calor y déjese que la presión baje lentamente.

Cuando no salga vapor por la válvula de escape, destape la olla. Si quiere el almíbar más espesa puede cocinarse 5 minutos más con la olla destapada.

PLATANOS EN ALMIBAR

INGREDIENTES:

4 plátanos bien maduros
2½ tazas de azúcar morena.
1 cucharadita de canela en polvo.
1 taza de vino
4 cucharadas de mantequilla

INSTRUCCIONES: Pélense los plátanos; caliéntese la olla de presión vacía y destapada por espacio de 5 minutos a fuego lento y dórese los plátanos. Echese la mantequilla enseguida. A continuación agréguesele el vino, el azúcar disuelta y la canela. Tápese la olla. Cuando el vapor salga por la válvula de escape, póngase el indicador de presión según las indicaciones de la olla y al marcar las 10 libras, rebájese el calor y cocínese 5 minutos. Transcurrido este tiempo, apártese la olla y enfríese. Cuando no salga vapor por la válvula, destápese y espésese el almíbar según se desee. Cocinándose con la olla destapada unos minutos.

Viandas, granos, harinas, azúcares o postres, todos dan al organismo calorías suficientes para sus necesidades.

En nuestra dieta no deben faltar: Frutas frescas; vegetales frescos o verduras; carnes, huevos, queso y leche; grasas frescas.

MARIA TERESA COTTA DE CAL

PASTEL DE FRUTAS

INGREDIENTES:

3 huevos.
2 tazas de frutas bien picaditas abrillantadas.
½ taza de azúcar.
¼ taza de jugo de naranja natural.

1½ cucharadita de levadura.
1 taza de harina.
½ taza de mantequilla
½ cucharadita de sal.

INSTRUCCIONES: Ciérnase la harina con la sal y la levadura. Bátanse los huevos agregándoles la mantequilla líquida y el azúcar; écheseles la fruta y el jugo de naranjas; mézcleseles la harina, la sal y la levadura ya cernida.

Póngase la mezcla en un molde de tamaño regular, que previamente estará untado de mantequilla líquida. Cúbrase este molde con papel impermeable bien doble, sujetándolo alrededor con un hilo fuerte o un alambre para que no penetre el vapor. Pónganse 4 tazas de agua en la olla, colocando en ella el molde. Tápese la olla, y cuando el vapor salga por la válvula de escape, póngase el indicador de presión según las instrucciones de la olla. Al marcar 15 libras de presión, redúzcase el calor lo más posible y cocínese 30 minutos. Transcurrido este tiempo, apártese la olla del fuego y déjese que la presión baje lentamente.

ADVERTENCIA: Este pastel debe desmoldarse cuando esté tibio; de lo contrario se pega demasiado al molde. Si se desea se pone en el refrigerador después de desmoldado.

MAMEY AMARILLO O DE SANTO DOMINGO

INGREDIENTES:

4 tazas de azúcar.

1 ramita de canela.

4 tazas de mamey pelado y partido en pedazos pequeños y bien maduro.

INSTRUCCIONES: Póngase el mamey en la olla y échese el azúcar blanca cubriéndolo completamente. Tápese la olla.

Cuando el vapor salga por la válvula de escape, póngase el indicador de presión siguiendo las instrucciones de la marca de la olla. Al señalar 15 libras de presión rebájese calor y cocínese por espacio de 15 minutos a dichas 15 libras de presión. Transcurrido este tiempo, apártese la olla del fuego y déjese que la presión baje lentamente. Cuando no salga vapor la válvula destápese la olla y sírvase en una vasija de loza.

MANZANA EN ALMÍBAR

INGREDIENTES:

4 manzanas grandes de asar.
1 lasca de canela en rama.
¼ taza de vino
1 taza de azúcar.

INSTRUCCIONES: Echense el vino, y el azúcar bien mezclados en la olla; póngase en la misma la parrilla, y en ella las manzanas enteras. Tápese la olla. Cuando el vapor salga por la válvula de escape, póngase el indicador de presión de acuerdo con la marca de la olla. Cuando indique 15 libras de presión, rebájese el calor y cocínese 5 minutos. Pasado este tiempo, apártese la olla del calor y déjese que la presión baje sola. Cuando no salga vapor por la válvula de escape, destápese la olla.

Espésese el almíbar a fuego lento por espacio de 5 minutos o más si se desea muy espesa, dejando las manzanas dentro de la olla. Pasado este tiempo, estando el almíbar caliente, pónganse las manzanas en una fuente y écheseles el almíbar para que las cubra. Importante usar solamente las manzanas de asar, caso contrario, no se conservan enteras.

HARINA DE MAÍZ EN DULCE

INGREDIENTES:

¼ libra de harina.
1½ tazas de agua.
¼ cucharadita de anís en grano.
¼ cucharadita cáscara de limón rallado.
4 cucharadas de maní tostado y aplastado.
6 cucharadas de mantequilla
1 lasca canela en rama.
10 cucharadas de leche condensada sin diluir.

INSTRUCCIONES: Póngase en remojo 2 horas la harina con el agua indicada en la receta.

Póngase la olla de presión con la taza y media de agua a hervir incluyendo en esta agua la del remojo de la harina. Echense en el agua hirviendo la harina de maíz y todos los demás ingredientes, excepto la leche condensada; mézclese todo bien.

Tápese la olla. Cuando salga vapor por la válvula de escape colóquese el indicador de presión siguiendo las instrucciones de la ollar, y al marcar las 15 libras rebájese el calor y cocínese 20 minutos.

Transcurrido este tiempo, apártese la olla del calor y déjese que la presión baje sola. Cuando no salga vapor por la válvula, destápese la olla y agréguense las 10 cucharadas de leche condensada a la harina, revolviéndola con una cuchara de madera. Sírvase en platos de postre, en pequeñas porciones adornándose con maní tostado.

PUDIN DE CHOCOLATE

INGREDIENTES:

2 tazas de leche.
2 onzas de chocolate
2 cucharadas de harina.
1 cucharadita de mantequilla

½ cucharadita de levadura.
½ cucharadita de vainilla.
2 onzas de almendras, machacadas sin tostar.
2 huevos.
½ taza de azúcar.

INSTRUCCIONES: Rállese el chocolate, únase con la leche bien caliente (no hirvieido) agregándole la vainilla y el azúcar.

Bátanse los huevos con la clara y la mantequilla, y añádase esta mezcla a la anterior. Agréguesele la harina lentamente revolviéndolo todo despacio; únase todo y deposítese en un molde propio para pudín, el que previamente se habrá untado de mantequilla líquida.

Tápese el molde con papel encerado doble sujetándolo bien con una liga de goma o hilo, para que no penetre el vapor.

Pónganse 2 tazas de agua en la olla, colocando en la misma el molde; tápese; cuando el vapor salga por la válvula de escape, póngase el indicador de presión de acuerdo con la marca de la olla. Cuando indique las 15 libras de presión, rebájese el calor y cocínese 15 minutos si el molde es grande, y 5 minutos si es pequeño, siempre conservando las mismas 15 libras de presión. Apártese la olla del calor y déjese que la presión baje lentamente.

Recuérdese rebajar el calor inmediatamente cuando la olla tenga las 15 libras de presión.

DULCE DE COCO

INGREDIENTES:

2 tazas de coco rallado seco.
2 tazas de azúcar.

4 tazas del agua del coco fresco y si no llegase, añádasele agua corriente para completar.

INSTRUCCIONES: Rállese el coco y póngase en la olla de presión con el agua indicada. Tápese la olla; cuando el vapor salga por la válvula de escape, póngase el indicador de presión de acuerdo con la marca de la olla. Al marcar las 15 libras de presión redúzcase el calor y cocínese 25 minutos. Pasado ese tiempo, apártese la olla del calor y déjese que la presión baje sola. Cuando no salga vapor por la válvula de escape, destápese la olla. Echesele el azúcar, mézclese, cocinando con la olla destapada, hasta espesar el almíbar como se desee. No debe revolverse. Debe cocinars el almíbar a fuego lento.

PUDIN DE COCO

INGREDIENTES:

- 1 taza de coco rallado (conserva).
- 1 taza de azúcar.
- 3 huevos.
- ½ taza de leche.
- 2 cucharadas de mantequilla
- 1 cucharadita de levadura.
- ¼ taza de harina de Castilla.

INSTRUCCIONES: Se baten los huevos con el azúcar y mantequilla, agregándose después el coco en conserva, la levadura, la harina y la leche. Mézclese todo bien.

Untese un molde con un almíbar a punto de caramelo, hecho en la siguiente forma: Pónganse 3 cucharadas de azúcar en dicho molde; cocínese a fuego lento y cuando tenga un color dorado muévase el molde para que el almíbar se extienda bien por el fondo del mismo. Apártese del calor, déjese enfriar y échese la mezcla del pudín. Tápese con dos papeles encerados y sujétense estos papeles con una liga, con hilo o alambre fino.

Echense 2 tazas de agua en la olla, colocando dentro de ella el molde. Tápese la olla. Cuando el vapor salga por la válvula de escape, póngase el indicador de presión siguiendo las instrucciones de la olla. Al marcar las 15 libras de presión, rebájese el calor y cocínese 20 minutos. Transcurrido este tiempo apártese la olla del calor y déjese que baje la presión. Desmóldese cuando esté tibio el pudín.

PUDIN CON COCKTAIL DE FRUTAS

INGREDIENTES:

- 2 tazas de leche hervida con canela en rama una lazca.
- ¼ cucharadita de levadura.
- ½ cucharadita de vainilla
- ¼ libra pan de molde, sin corteza y duro.
- ¼ cucharadita de canela en polvo.
- ½ taza de azúcar.
- 1 taza pequeña de cocktail de frutas.
- 3 huevos.
- ¼ cucharadita de sal.

INSTRUCCIONES: Se hierve la leche con sal y la canela, agregándole la vainilla después.

Estando la leche caliente, se le añade el pan picado en pedacitos pequeños con el azúcar y la levadura.

Se baten los huevos con la clara y se une a la leche estando frío y por último el cocktail sin el almíbar.

Se vierten en el molde 3 cucharadas de azúcar y una de jugo

de limón, haciendo un almíbar a punto de caramelo, a fuego lento. Una vez fría esta almíbar, únásele la pasta del pudín echándola en el molde. Tápese éste con dos papeles encerados, sujetándolos alrededor con una liga o hilo amarrados, para evitar que penetre el vapor.

Póngase en la olla 3 tazas de agua; colóquese el molde dentro de la misma; tápese y cuando el vapor salga por la válvula de escape, póngase el indicador de presión de acuerdo con las instrucciones de la olla, y al obtener las 15 libras de presión rebájese el calor inmediatamente y cocínese el pudín durante 20 minutos transcurrido este tiempo. Apártese la olla del calor y déjese que la presión baje lentamente.

Cuando esté frío el pudín désele la vuelta al molde agregándole el almíbar de la conserva, es decir, del cocktail, al servirse.

Puede dársele más consistencia a esta almíbar agregándole $1/2$ taza de agua y 2 de azúcar y cocinándose destapada a fuego lento durante 10 minutos.

PUDIN DE PASAS Y NUECES

INGREDIENTES:

- 4 cucharadas de mantequilla
- 2 tazas de pan duro rallado con la corteza.
- $1/4$ cucharadita de sal.
- 1 cucharadita de canela en polvo.
- $1/4$ cucharadita de anís.
- 1 taza de pasas sin semillas.
- $1/2$ cucharadita de vainilla.
- $1/2$ taza de nueces picadas o maní tostado.
- $2 1/2$ tazas de leche hervida
- 3 huevos batidos con la clara.
- 1 taza de azúcar prieta o morena.
- 1 copita de ron.

INSTRUCCIONES: Mézclense todos los ingredientes menos la leche que debe mezclarse a última hora y acabado de hervir, y fórmese una pasta. Viértase en el molde azúcar a punto de caramelo, que se obtiene mezclando 3 cucharadas de azúcar con 1 de jugo de limón, cocinándose a fuego lento. Una vez fría esta almíbar incorpórese la pasta del pudín, tápese con dos papeles impermeables sujetándolos alrededor con una liga o hilo bien amarrados para evitar que penetre el vapor.

Póngase la olla de 6 litros de capacidad, si su olla fuese más pequeña haga la mitad de la receta con 2 tazas de agua; colóquese el molde dentro de la misma; tápese y cuando el vapor salga por la válvula de escape, póngase el indicador de presión (de acuerdo con la marca de la olla) y al marcar las 15 libras redúzcase el calor y cocínese durante 15 minutos a esas mismas 15 libras de presión. Apártese la olla del fuego, y déjese que la presión baje lentamente, desmóldese el pudín cuando esté tibio.

PUDIN DE MANZANA

INGREDIENTES:

2 tazas de pan seco rallado.
2 huevos.
½ taza de azúcar.
1 cucharadita de cáscara de limón rallado.
½ cucharadita de canela.
¼ taza mantequilla derretida al baño de María.
2 manzanas partidas en tajadas pequeñas.
½ taza de vino seco

INSTRUCCIONES: Mézclese el pan rallado con la canela, añádase esta mezcla a los huevos batidos y échese el azúcar, el limón rallado, el vino y la mantequilla.

Hágase un almíbar a punto de caramelo, con 3 cucharadas de azúcar y ½ de jugo de limón a fuego lento. Cuando esté fría échese una porción de la primera mezcla e inmediatamente una de las manzanas en ruedas y así sucesivamente, camadas de la mezcla y de las manzanas hasta llenar el molde una pulgada menos del borde.

Se tapa el molde con papel encerado. Se cierra bien con una liga o hilo para impedir que penetre el vapor. Pónganse en la olla de presión 2 tazas de agua y deposítese en ella el pudín. Tápese la olla; cuando el vapor salga por la válvula de escape, colóquese el indicador de presión de acuerdo con la marca de la olla; al marcar las 15 libras de presión, redúzcase el calor y cocínese durante 15 minutos. Transcurrido este tiempo, apártese la olla del fuego y enfríese enseguida. Si no sale vapor por la válvula, destápese la olla, sáquese el molde, y cuando esté bien frío (naturalmente no de refrigerador) désele la vuelta y sírvase.

Puede ponérsele, al servirlo, mermelada de cualquier fruta.

PUDIN DIPLOMATICO:

INGREDIENTES:

3 tazas de pan seco rallado.
3 tazas de leche evaporada sin añadirle agua.
6 huevos.
¼ cucharadita de vainilla
1 cucharadita de ron.
1 cucharadita de levadura.
4 cucharadas de mantequilla
1 taza de azúcar.

INSTRUCCIONES: Se pone a hervir la leche; cuando esté hirviendo se aparta del fuego y se le echa el pan. Se baten aparte los huevos con la mantequilla, la vainilla y el azúcar; también la levadura. Se agrega el ron y se mezcla todo con la leche y el pan. Se hace un almíbar a punto de caramelo y se echa en el molde del pudín. Cuando esté fría se agrega la mezcla del pudín.

Tápese el molde con doble papel encerado, sujetándose bien con una liga o hilo, para que no penetre el vapor.

Póngase en la olla de presión 2 tazas de agua; colóquese la parrilla y póngase encima el molde; tápese la olla. Cuando el vapor salga por la válvula de escape, colóquese el indicador de presión según las indicaciones de su olla, y al obtener la señal de las 15 libras de presión, redúzcase el fuego y cocínese 20 minutos, al cabo de los cuales se debe apartar la olla del calor y dejar que la presión baje lentamente.

NOTA: No se desmolde hasta que esté frío completamente y haya estado una hora en el refrigerador.

Hágase un almíbar con una taza de agua y una de azúcar a fuego lento; cuando empiece a espesarse, retírese del fuego y sírvase con el pudín.

PUDIN DE CALABAZA

INGREDIENTES:

½ taza de leche.
1 cucharada de vainilla.
½ taza de maní tostado, machacado.
4 huevos.
4 cucharadas de harina.
1 libra de calabaza.

2 cucharaditas de mantequilla
½ taza de pasas.
1 cucharadita de levadura.
1 taza de azúcar.

INSTRUCCIONES: Cocínese la calabaza al vapor según las instrucciones de las recetas de viandas; agréguense todos los ingredientes; bátanse hasta formar una pasta; hágase un almíbar a punto de caramelo con 2 cucharadas de azúcar y ½ cucharada de jugo de limón, en el molde del pudín. Vacíese dentro de este molde el pudín y tápese con papel encerado doble, sujetándolo bien con una liga o hilo para que no penetre el vapor.

Pónganse 2 tazas de agua en la olla, colóquese en ella el molde y tápese. Cuando el vapor salga por la válvula de escape, colóquese el indicador de presión de acuerdo con la marca de la olla, y al marcar las 15 libras redúzcase el calor lo más posible. Si el molde es grande, cocínese 15 minutos a 15 libras de presión; si es pequeño, 5 minutos a esa misma presión. Apártese la olla del fuego y déjese que la presión baje lentamente.

RECUERDELO: En cuanto el indicador de presión de su olla marque la presión a que desea usted cocinar, reduzca el fuego. No debe cocinarse a fuego vivo; es un error.

PUDIN DE ARROZ

INGREDIENTES:

2 tazas de arroz blanco cocinado (puede aprovecharse el sobrante de las fuentes de la mesa).
½ cucharadita de vainilla
¼ taza de azúcar.
1 taza de leche.
¼ cucharadita de levadura.
4 huevos con las claras.
2 cucharadas de harina de Castilla.

INSTRUCCIONES: Bátanse los huevos agregándoseles los demás ingredientes. Por último la leche que no debe estar caliente.

Deposítese en un molde en el que se habrán disuelto 2 cucharadas de azúcar y media de limón para hacer un almíbar a punto de caramelo; tápese el molde con un papel encerado doble, amarrándolo bien, para que no penetre el vapor.

Pónganse 3 tazas de agua en la olla, colocando el molde en ella; tápese la olla cuando el vapor salga por la válvula de escape; colóquese el indicador de presión de acuerdo con las instrucciones de la olla. Cuando se obtenga la señal de 15 libras de presión, redúzcase el calor todo lo más posible, y cocínese 20 minutos a esas mismas 15 libras de presión. Apártese la olla del calor, y déjese que la presión baje lentamente.

No se le dé vuelta al molde, hasta que esté completamente frío.

PUDIN DE LIMON

INGREDIENTES:

1 cucharadita de corteza de limón, rallada.
¼ cucharadita de sal.
2 cucharadas de mantequilla líquida.
2½ tazas de leche.
4 yemas de huevo.
4 cucharadas harina.
1¼ tazas azúcar blanca.
¼ cucharadita de levadura.

INSTRUCCIONES: Mézclense las yemas bien batidas con el zumo de limón y la corteza rallada, y agréguense el azúcar y la harina.

Póngase después la leche bien caliente, echándola lentamente y revolviendo mientras se mezcla, hasta formar una pasta, a la que se le agrega la levadura.

Colóquese la pasta en el molde y tápese éste con papel encerado, sujetándolo bien con una liga o hilo para que no penetre el vapor.

Echense 2 tazas de agua en la olla; colóquese el molde dentro de la misma, y tápese. Cuando el vapor salga por la válvula de escape, póngase el indicador de presión de acuerdo con las instrucciones de la olla, y al obtener la marca de 15 libras **rebájese** el calor inmediatamente y cocínese 10 minutos a esa misma **presión** de 15 libras.

Apártese la olla del calor, y déjese que la presión baje lentamente.

MANZANAS ACARAMELADAS

INGREDIENTES:

6 manzanas de asar.
6 trozos de guayaba corriente.

1 taza de azúcar.
1 trozo de canela en rama.

INSTRUCCIONES: Pélense las manzanas abriéndoseles un hueco en el centro al tiempo de sacárseles las semillas, teniendo cuidado de no llegar al fondo de la manzana, este hueco se rellena con un trocito de guayaba, preparadas ya las manzanas en esta forma, se coloca la parrilla en la olla con un ¼ taza de agua colocándose en ella las manzanas, se tapa la olla y cuando salga el vapor, al marcar las 15 libras de presión se rebaja el calor cocinándose 5 minutos, enfriándose la olla enseguida.

Se cocina aparte un almíbar la cual se hará con la taza de azúcar y el ¼ de taza de agua.

Después de terminarse este almíbar se colocan las manzanas en donde se vayan a servir echándoseles por encima dicho almíbar.

Puede echarse 2 gotas de colorante vegetal rojo y les dará una apariencia como si estuviesen sin pelar.

ARROZ CON LECHE (Segunda Receta)

INGREDIENTES:

3 tazas de leche de vaca.
1 taza de arroz de Valencia.
1½ taza de azúcar.

1 corteza rallada de limón.
½ cucharadita de vainilla.
1 lata leche evaporada.

INSTRUCCIONES: Después de lavado el arroz, se deja en remojo en las 3 tazas de leche de vaca por espacio de 2 a 3 horas. Transcurrido este tiempo se pone la olla en el fuego echándose a dicha leche una cucharada de la corteza rallada de limón y la media cucharadita de sal. Se tapa la olla y cuando empiece a salir el vapor se pone el indicador de presión y al marcar las 5 libras de presión se rebaja el calor cocinándose 10 minutos.

Transcurrido este tiempo se aparta la olla del fuego y cuando ya no salga vapor ninguno por la válvula de escape, se destapa la olla, se pone otra vez al fuego agregándosele la leche evaporada y la 1½ taza de azúcar, mientras, se va revolviendo lentamente después debe cocinarse de 2 a 3 minutos.

Si se desea se le echa ½ cucharadita de vainilla. Se sirve en una fuente y se polvorea con canela en polvo.

INSTRUCCIONES GENERALES PARA HACER FLAN EN LA OLLA DE PRESION

La alta temperatura de más de 116 grados centígrados con la cual se cocina en la olla de presión; el breve tiempo de cocción; la relativamente poca cantidad de huevo usado por este sistema, dotan los flanes hechos a presión de un sabor característico y exquisito. Al mismo tiempo los hacen de muy fácil digestión y resultan muy económicos.

Estas recetas de flanes que ofrecemos a continuación, serán de gran provecho para reforzar la dieta de la nutrida legión de niños inapetentes que hay en nuestro país.

Es importantísimo enfriar primero el molde a la temperatura del ambiente y después ponerlo en el refrigerador por lo menos 4 ó 5 horas, antes de sacarlos del molde. Cuando se trata de flanes pequeños, con 2 horas en el refrigerador es suficiente.

TOCINO DEL CIELO (flan de huevo)

INGREDIENTES:

6 yemas de huevo.　　　½ taza de azúcar.
¼ cucharadita de vainilla.　　½ taza de agua.

INSTRUCCIONES: Hágase un almíbar con 6 cucharadas de azúcar y 2 de agua para untar en los moldes; no debe cocinarse demasiado; cuando empiece a espesar, antes de dorarse (no debe revolverse) se va echando al fondo de cada molde y dejándola que se enfríe para que forme una capita dura y transparente.

Sepárense las claras con mucho cuidado de las yemas, y bátanse las yemas.

Hágase un almíbar con ½ taza de agua y ½ taza de azúcar, cocinándose a fuego lento, hasta espesarla. Apártese la olla del calor. Estando el almíbar fría se le van agregando las yemas, mezclándolo todo bien con cuchara de madera, vacíese en los moldes, llenándolos hasta media pulgada del borde. Tápese con dos capas de papel encerado. Sujétese con una liga o hilo, amarrándolo bien, para que no penetre el vapor dentro del mismo.

Póngase en la olla de presión, agua suficiente hasta cubrir las ¾ partes de la altura del molde, con la parrilla puesta y los moldes sobre la misma. Tápese la olla. Cuando el vapor salga por la válvula de escape, póngase el indicador de presión. Al marcar las 15 libras de presión, rebájese el calor y cocínese 3 minutos.

Pasado este tiempo, aparte la olla del calor y enfríela enseguida, sumergiéndola en agua.

Cuando no salga vapor por la válvula de escape, destape la olla. Saque los moldes con cuidado y cuando se enfríen, póngalos en el refrigerador 1 ó 2 horas. Desmóldese en platos pequeños una vez fríos, con rapidez para evitar que se parta el flan.

FLAN DE MANGO

INGREDIENTES:

5 tazas de azúcar blanca.
¼ cucharadita de vainilla.
6 huevos.

6 tazas de mango partido en trozos, que no esté muy maduro.

INSTRUCCIONES: Colóquese el mango después de partido y pelado en la olla; échese la vainilla, cúbrase con el azúcar. Tápese la olla. Cuando el vapor salga por la válvula de escape, póngase el indicador de presión siguiendo las instrucciones de la olla. Al marcar 15 libras de presión rebájese el calor y cocínese 15 minutos. Transcurrido este tiempo, aparte la olla del calor y deje que la presión baje lentamente. Cuando no salga vapor por la válvula destape la olla. Pásese todo por el colador de puré para separar la fibra del mango, procurando sacarle toda la culpa. Cuando esté esta pasta fría bátanse los huevos y únanse a la pasta mezclándola completamente.

Echense tres cucharadas de azúcar en un molde propio para flan haciéndose un almíbar a fuego lento hasta que coja un color dorado, a punto de caramelo.

Déjese enfriar el almíbar completamente; échese la pasta del mango y tápese dicho molde con tres papeles encerados, sujetándose bien con una liga o hilo para que no penetre el vapor.

Póngase la parrilla en la olla y échense 3 tazas de agua; colóquese el molde dentro de la misma y tápese la olla. Cuando saga vapor por la v;lvula de escape, póngase el indicador de presión siguiendo las instrucciones de la olla. Al marcar las 15 libras de presión, rebájese el calor y cocínese 15 minutos. Transcurrido este tiempo, aparte la olla del calor y deje que baje la presión lentamente.

Cuando no salga vapor por la válvula destápese la olla, sáquese el molde, y cuando esté frío, colóquese en el refrigerador 4 horas antes de desmoldarlo. Dese la vuelta al flan con rapidez una vez transcurrido este tiempo, para evitar que se parta el flan.

La cocina no es ya, ni mucho menos, el rincón olvidado que se consideraba antes. No se ocupaba de él más de quien hacía la comida. La cocina, hoy, es un sitio donde, como en el resto de la casa, ha de reinar el cuidado y el primor.

FLAN DE CHOCOLATE

INGREDIENTES:

2 onzas de chocolate de la mejor clase.
2 tazas de leche.
½ cucharadita de vainilla.
¼ taza de azúcar prieta.
2 huevos.

INSTRUCCIONES: Rállese el chocolate y disuélvase en la leche caliente; bátanse los huevos con el azúcar prieta y la vainilla; agréguense lentamente y revolviendo de continuo, el chocolate.

Vacíese en el molde, previamente untado de almíbar a punto de caramelo; tápese con papel encerado y amárrese con hilo o liga, para que no penetre el vapor.

Colóquese 2 tazas de agua en la olla, depositándose en ella el molde; tápese, y cuando el vapor salga por la válvula de escape, póngase el indicador de presión siguiendo las instrucciones de la olla, y al señalar las 15 libras de presión, redúzcase el calor y cocínese a dichas 15 libras de presión durante 7 minutos si el molde es grande, y 4 minutos si es pequeño. Transcurrido este tiempo apártese la olla del calor y déjese que baje la presión lentamente. Desmóldese cuando esté bien frío el flan.

FLAN DE CAFE

INGREDIENTES:

2 tazas de leche de vaca.
4 cucharadas de café.
4 cucharaditas de vainilla.
3 huevos.
½ taza de azúcar.
¼ cucharadita de sal.

Se hierve la leche con el café; se cuela con un colador de tul o masquisette, y se le agregan la sal y la vainilla. Los huevos se baten con el azúcar, mezclándose bien con los demás ingredientes.

Se hace un almíbar a punto de caramelo, echándola en el molde del flan. Cuando esté fría la mezcla, échese dentro del molde, tapándose con dos papeles encerados y sujetándose bien con una liga o hilo grueso para evitar que penetre el vapor en el flan.

Pónganse 3 tazas de agua en la olla, colocando en ella el molde. Tápese. Al salir vapor la válvula de escape, colóquese el indicador de presión siguiendo las instrucciones de la olla, y al marcar las 15 libras, redúzcase el fuego y cocínese 10 minutos a dichas 15 libras de presión si el molde es grande, y 5 minutos si es pequeño.

Transcurrido este tiempo, apártese la olla del fuego y enfríese con agua. Sáquese el indicador de presión, y cuando no salga vapor por la válvula de escape, sáquense los moldes y enfríense, pónganse a enfriar los moldes en el refrigerador.

FLAN DE COCO

INGREDIENTES:

2 cocos rallados y puestos en 1 taza de agua.
1 lata de leche evaporada.
½ taza de azúcar.
4 huevos.
¼ cucharadita de sal.

INSTRUCCIONES: Rállense los cocos, mézclense con agua; deposítese esta mezcla en una bolsita de tela pequeña, y exprímase bien para extraerle el agua, la leche y la grasa propias del coco. Unase el azúcar mezclándola bien; a continuación los huevos bien batidos; la lata de leche evaporada caliente. Revuélvase bien y deposítese en un molde untado de almíbar a punto de caramelo. Este molde debe estar frío.

Tápese con doble papel encerado; amárrese con un hilo fuertemente, para evitar que penetre el vapor dentro del mismo. Deposítense 2 tazas de agua dentro de la olla de presión, póngase en ella el molde del flan, tapándolo. Cuando el vapor salga constantemente por la válvula de escape, póngase el indicador de presión siguiendo las instrucciones de su olla. Al marcar 15 libras redúzcase el calor lo más posible y cocínese durante 10 minutos si el molde es grande, y 5 minutos si es pequeño.

Transcurrido este tiempo, apártese la olla del calor y déjese que la presión baje lentamente.

FLAN DE COCO (otra fórmula)

INGREDIENTES:

5 huevos.
1 lata de leche condensada
1½ tazas leche de vaca.
2 cocos secos grandes.

INSTRUCCIONES: Se baten las yemas y se les agrega la leche condensada y la taza de leche de vaca. Se rallan los cocos y se les une ½ taza de leche de vaca hirviendo; se coloca la mitad de esta mezcla en una bolsita de tela, y se exprime bien. Se agregan 3 cucharadas de azúcar al resto del coco rallado y se une con el jugo exprimido anteriormente a la bolsita y la preparación que se hizo primeramente de las yemas y la leche de vaca. (Este flan no lleva almíbar a punto de caramelo. Se tapa con tres papeles impermeables, sujetándolo bien alrededor para que no penetre el vapor; se colocan 3 tazas de agua en la olla; se pone el molde dentro de ella, y se tapa la olla después.

Cuando el vapor salga por la válvula de escape, póngase el indicador de presión siguiendo las instrucciones de la marca de su olla; cuando marque las 15 libras, redúzcase el fuego y cocínese durante 25 minutos a dichas 15 libras de presión.

Transcurrido este tiempo, apártese la olla del fuego y déjese que baje la presión lentamente.

FLAN DE VAINILLA

INGREDIENTES:

2 huevos.	¼ taza de azúcar.
1½ tazas de leche caliente	¼ cucharadita vainilla.
La sal que se pueda coger con dos dedos.	La cantidad de canela en polvo que se pueda coger con dos dedos.

INSTRUCCIONES: Mézclense la leche, la sal y la canela, y a continuación el azúcar, revolviéndola bien para que quede completamente diluída. Bátanse los huevos y échense dentro de la mezcla, que debe estar bien caliente y sin dejar de revolverla, para evitar que se corte el huevo.

Echese la mezcla en un molde, en el que previamente se habrá hecho un almíbar a punto de caramelo y a base de 3 cucharadas de azúcar a fuego lento. Tápese con dos papeles encerados; sujétese con una liga o hilo fuerte, para evitar que penetre el vapor; colóquese este molde en la olla en la que se habrán puesto 2 tazas de agua. Tápese la olla; cuando salga vapor por la válvula, póngase el indicador de presión siguiendo las instrucciones de la olla, y al marcar las 15 libras de presión redúzcase el calor y cocínese 10 minutos si el molde es grande, y 5 si es pequeño.

Transcurrido este tiempo enfríese la olla con agua para que baje la presión enseguida; cuando no salga vapor, destápese la olla y póngase el molde a enfriar.

FLAN DE FRUTAS

INGREDIENTES:

1 lata mediana de melocotones o peras en conserva.	¼ cucharadita de sal.
	2 paquetes de bizcochos.
1 lata de leche condensada	6 huevos.
1 lata de leche evaporada	½ cucharadita vainilla.
1 taza de agua.	½ taza de azúcar blanca.

INSTRUCCIONES: Hiérvanse la leche evaporada y el agua conjuntamente. A continuación bátanse los huevos con las claras, azúcar, vainilla y sal. Unanse a la leche. Agréguese el melocotón o pera de la conserva, sin ninguna almíbar y partido en trozos pequeños.

Deposítese en el molde, que debe tener almíbar a punto de caramelo hecha en proporción de 3 cucharadas de azúcar prieta y ¼ de cucharadita de zumo de limón, y estar fría, es decir, seca. Con la fruta ya dentro del molde, échense los bizcochos enteros. Este flan debe hacerse en molde grande, y debe dejarse pulgada y media sin llenar. Tápese el molde con tres capas de papel encerado; sujétese bien por su alrededor con hilo grueso o liga de goma.

Colóquese 3 tazas de agua en la olla de presión; póngase el molde dentro de la misma; tápese la olla; cuando salga vapor por la válvula de escape, póngase el indicador de presión de acuerdo con las instrucciones de la olla, y al alcanzar las 15 libras de presión redúzcase el fuego y cocínese durante 15 minutos. Transcurrido este tiempo, apártese la olla y enfríese enseguida sumergiéndola en agua. No saque el molde hasta que esté el agua fría. Téngase en el refrigerador 3 horas antes de desmoldar el flan.

FLAN DE CAFE

INGREDIENTES:

1 lata de leche condensada
2 cucharaditas de CAFE
3 huevos.

1/4 cucharadita de sal.
5 gotas de vainilla.
1 taza de agua.

INSTRUCCIONES: Dilúyase la leche condensada en el agua; póngase al calor; cuando esté a punto de hervir, sepárense del fuego y agréguense la sal y la vainilla y las 2 cucharaditas de CAFE. Añádanse los huevos; bien batidos, y cuídese de que quede todo bien mezclado.

Póngase una sartén al fuego, y échensele 4 cucharadas bien colmadas de azúcar prieta y 1/2 cucharada de jugo de limón. Cocínese a fuego lento, hasta hacer un almíbar ligera a punto de caramelo. Viértase dicha almíbar caliente en seis moldes individuales para flan; cuando esté seco el almíbar, échese la mezcla del flan en los moldes, dejando media pulgada sin llenar. Tápese cada molde con dos papeles encerados, sujetándolos con una liga o un hilo, bien apretado, para evitar que le penetre el vapor. Pónganse 2 tazas de agua en la olla; introdúzcase en ella los moldes y tápese la olla. Cuando el vapor salga por la válvula, colóquese el indicador de presión de acuerdo con las instrucciones de la olla. Al marcar 15 libras de presión, rebájese el calor y cocínese durante 4 minutos. Transcurrido este tiempo apártese la olla del calor, y enfríese con agua. Destápese cuando no salga vapor y cuando esté tibia el agua donde se hicieron los flanes, sáquense los moldes. Cuando estén fríos póngase en el refrigerador una hora por lo menos antes de sacarlos del molde.

Comer de prisa significa no realizar debidamente el primer acto de la digestión, que es el mecanismo de la masticación, y el químico de la insalivación. Tómele el sabor a la comida. Tómese su tiempo para comer.

CAKES Y BATIDOS

CAKE DE MARMOL

INGREDIENTES:

½ libra de mantequilla

1 cucharada de vanilla.

4 huevos.

¼ taza de coñac

1 libra de harina.

1 taza de leche.

2 onzas de cacao.

INSTRUCCIONES: Calentar la mantequilla a baño de María, hasta que se ponga pastosa, echarla en un recipiente redondo de loza o cristal, echar poco a poco sobre la mantequilla, batiendo continuamente, el azúcar, la vainilla, el coñac y los huevos con sus claras, uno a uno, cuando esté todo bien mezclado se le va agregando, poco a poco, cucharadas de harina y de leche mezclándolo todo continuamente hasta formar una pasta bien uniforme. Untar un molde redondo con un hueco al centro y de unos diez centímetros, aproximadamente, de altura, con mantequilla; echar las dos terceras partes de esta pasta dentro del molde; al resto de la pasta agregarle el cacao y mezclarlo bien, echarlo después sobre la pasta anterior dentro del molde. A fin de obtener el efecto de las betas propias del mármol, introducir un tenedor de cocina de pinchos largos haciéndole girar varias veces alrededor del molde en forma de espiral.

Caliéntese la olla de presión con la parrilla puesta y un termómetro de horno adentro, cuando alcance los 350 grados F. colocar el molde dentro de la olla, sacar la goma a la tapa de la misma, tapar la olla, reducir el calor al mínimo, tanto como sea posible, dejándolo así durante 45 minutos. transcurridos los cuales, debe retirarse la olla del calor, destaparse y sacar el molde al aire, y cuando éste esté tibio desmoldarlo con mucho cuidado.

CAKE DE CHOCOLATE

INGREDIENTES:

1 cucharadita de vainilla.
4 onzas de mantequilla
½ libra de azúcar.
4 huevos.
3 cucharaditas rasas de levadura en polvo.

¼ taza de ron.
7 onzas de harina.
4 onzas de cacao dulce
½ taza de leche.
5 cucharadas de azúcar en polvo.

INSTRUCCIONES: Batir la mantequilla con los huevos y sus claras, echándoles poco a poco el azúcar, cuando esté todo cremoso se le echa el ron y una cucharadita de vainilla; se cierne aparte la harina con la levadura y el cacao, y se le va agregando esta mezcla, revolviéndolo todo con una cuchara de madera. Untese el interior de la olla con la mantequilla; échese la mezcla, póngasele la tapa a la olla y colóquese sobre un fuego muy lento durante 45 minutos, a los 10 minutos de puesta la olla sobre el fuego se le pone la válvula o indicador de presión; transcurridos los 45 minutos destápese la olla, y hasta que no esté tibio el cake no se desmolde. Se decora con el azúcar en polvo que se cernirá sobre la superficie del cake.

CAKE DE NARANJA

INGREDIENTES:

½ taza de mantequilla
½ cucharadita de cáscara de naranja rallada.
1 taza de azúcar.
2 tazas de harina.
2 cucharaditas de levadura cernidas.

¾ de taza de jugo de naranja.
1 cucharadita de jugo de limón.
2 quesitos crema de 3 onzas.
4 cucharaditas de azúcar en polvo.

INSTRUCCIONES: Se bate el azúcar con la mantequilla y la ½ cucharadita de naranja rallada, agréguensele los huevos con las claras y sígase batiendo; mézclese poco a poco la harina y el jugo de naranja y limón uniéndolo bien todo con una cuchara de madera. Untese el interior de la olla con mantequilla y échese muy poquita cantidad de harina para evitar que se pegue el cake; échese la mezcla en el interior de la olla, tápese la misma y póngase a fuego muy lento lo más bajo posible el calor durante 35 ó 40 minutos, no se ponga el indicador de presión; transcurridos los minutos indicados apártese la olla, destápese y déjese enfriar al aire, una vez fría desmóldese con cuidado y decórese el cake en la siguiente forma: bátanse dos quesos crema con cuatro cucharadas de azúcar pulverizada, póngase esta mezcla en una manga propia para decorar y decórese formando pequeños círculos encima del cake.

CAKE POPULAR

INGREDIENTES:

¼ libra de mantequilla
1 taza de azúcar blanca.
4 huevos.
1 libra de harina de pastelerías (cernida).

2 cucharadas de levadura
5 onzas de leche.
1 cucharadita de vainilla.
1 cucharada de cáscara de limón rallado.
3 cucharadas de maicena

INSTRUCCIONES: Poner en un recipiente de loza o cristal grande la mantequilla, esta no debe estar dura sinó pastosa, echar poco a poco el azúcar, los huevos con sus claras uno a uno batiendo continuamente hasta conseguir una pasta cremosa; la harina, una vez cernida con la levadura, se incorpora a esta pasta a cucharadas grandes y pequeñas porciones de leche hasta poder hacer una pasta lo que se logrará revolviendo continuamente con una cuchara de madera. Una vez todo mezclado úntese con mantequilla, ligeramente, el interior de la olla de presión, fondo y costados, viértase en la olla la mitad de la mezcla, tápese y póngase a fuego muy lento durante 20 minutos, sin indicador de presión. (Lo ideal sería, teniendo dos ollas de presión, hacer el cake simultáneamente en las dos). Transcurrido este tiempo, destápese la olla y desmóldese con mucho cuidado introduciendo un plato o bandeja del diámetro del interior de la olla, y dándole la vuelta con rapidez; úntese de nuevo con mantequilla el interior de la olla y échese la pasta que falta usando el mismo procedimiento que con la anterior.

Póngase cualquiera de las mermeladas indicadas en este libro en el centro de estas dos mitades de cake así como en la superficie.

Sugerencias para la decoración de este cake; se puede decorar la superficie con azúcar pulverizada o también merengue o crema de mantequilla. También se puede adornar poniendo alrededor y en la superficie una ligera tapa de crema de mantequilla y colocándole sobre esta almendras tostadas y picadas.

Indicaciones para tostar las almendras: sumérjase la cantidad de almendras que se desee emplear, en agua hirviendo, durante dos minutos, sáquese enseguida del agua y pélense, córtense con un cuchillo en pequeñas porciones, caliéntese la olla de presión vacía y destapada tres o cuatro minutos, échense las almendras y revuélvanse con cuchara de madera continuamente hasta que queden tostadas de un ligero color dorado.

Crema de mantequilla: ¼ libras de azúcar, 1 lata de leche evaporada. ½ libra de mantequilla , 2 yemas de huevo, 3 cucharadas de maicena y ¼ cucharadita de vainilla. Diluir en la mitad de la leche evaporada la maicena, batir aparte las dos yemas y unirlas a la leche restante, echar la vainilla y ocho cucharadas de agua; colocar a fuego muy lento, revolviendo continuamente, la primera mezcla de la maicena con la leche, cuando empiece a hervir agréguese poco a poco el resto de la mezcla con el azúcar y la mantequilla, a los cuatro o cinco minutos apártese del fuego y déjese enfriar.

Una vez frío el cake, extiéndase esta crema de mantequilla con un cuchillo por la superficie y los lados; también puede ponerse, en una manga propia para decorar, y hacer dibujos según el gusto personal, en la superficie del cake.

ROSCA DE CIRUELAS PASAS

INGREDIENTES:

½ libra de harina.
1 lata de leche condensada.
3 huevos.
½ taza de agua.

2 cucharaditas de levadura.
1 taza de azúcar prieta.
½ libra de ciruelas pasas.
½ libra de mantequilla

INSTRUCCIONES: Se bate la mitad de la mantequilla y la mitad del azúcar prieta, se le agregan las tres yemas, una a una, después la leche condensada, a continuación la ½ taza de agua, mezclándolo todo bien; se le echa poco a poco, la harina cernida con la levadura, se baten a parte las tres claras a punto de merengue, y se une todo a la mezcla anterior; las cuatro onzas de mantequilla que quedan se mezclan bien con el resto del azúcar prieta. Por el interior de la olla, en el fondo y a los lados, se pulveriza un poco de harina para evitar que se pegue la rosca. Póngase una lata vacía de leche condensada en el interior de la olla, al centro, póngase alrededor el azúcar revuelta con la mantequilla, y las ciruelas deshuesadas en forma de corona, échese arriba de la ciruela la pasta antes preparada; tápese la olla de presión, póngase la válvula o indicador, y téngase a fuego lento durante 35 ó 40 minutos; transcurrido este tiempo apártese la olla, destápese, sáquese la lata vacía que antes se ha puesto en el interior de la olla y enfríese al aire; introdúzcase después un plato o bandeja del diámetro del interior de la olla y desmóldese la rosca.

LA OLLAS DE PRESION COMO ESTERILIZADORA

La alta temperatura que puede obtenerse en la olla de presión, es nuestra más eficaz auxiliar para la esterilización de botellas, biberones, aros de goma para la dentición y mamaderas o entretenedores también de goma, así como pequeños instrumentos a cuyo uso procede una esterilización absoluta. Es muy sencillo el procedimiento, y se puede estar seguro de haber obtenido la destrucción rápida de todas las bacterias adheridas en el artículo u objeto de la esterilización.

Otra ventaja de la olla de presión como esterilizadora, es que dejándola tapada y con la válvula cerrada, no está en contacto con el aire, y por lo tanto se conserva lo que se esteriliza en perfectas condiciones hasta el momento de su uso.

INSTRUCCIONES:—Póngase una taza de agua en la olla de presión. Colóquense los biberones o botellas en posición horizontal, cuidando siempre de no ocupar más de la mitad del interior de la olla. Las mamaderas, los aros y los entretenedores de goma, deben ser colocados en un depósito de cristal resistente al calor, con ½ taza de agua dentro del mismo. Este depósito debe ser tapado con un papel encerado debidamente sujeto con un hilo fino pero fuerte, o con una tapa de cristal adecuada, que resista el calor. Al quedar dentro de la olla debe ésta tener ya la taza de agua que se ha indicado.

Una vez cerrada la olla, cuando empiece a salir el vapor por la válvula de escape, póngase el indicador de presión siguiendo las instrucciones de la misma, y cuando haya marcado las 15 libras de presión, redúzcase el fuego todo lo más posible y déjese hervir por espacio de 8 minutos. Transcurrido este tiempo, apártese la olla del calor y déjese que la presión baje lentamente, enfriándose en el aire unos minutos. Cuando no salga vapor puede quitarse la válvula y destaparse la olla.

NOTA:—No se debe quitar la válvula hasta el momento de abrir la olla, para que todo se conserve esterilizado.

RECETAS ESPECIALES PARA NIÑOS

CREMA DE MAIZ TIERNO

INGREDIENTES:

½ taza de maíz tierno rallado de la mazorca.
¼ cucharadita de cáscara de limón rallada.
1 taza agua hirviendo.
4 cucharadas de leche condensada.
¼ cucharadita de sal.

INSTRUCCIONES: Hiérvase el agua con la sal y la cáscara de limón, en la olla destapada. Echese el maíz lentamente, revolviendo con cucharar de madera, y también la sal. Cuélese. Tápese la olla.

Cuando el vapor salga por la válvula de escape, póngase el indicador de presión de acuerdo con la marca de la olla, y al obtener las 15 libras de presión, rebájese el calor y cocínese 10 minutos. Transcurrido este tiempo, apártese la olla del calor, enfríese enseguida, destápese, revuélvase nuevamente la harina, y ya puede servirse, añadiéndole la leche condensada sin diluir, bien mezclada a la harina, para endulzarla. Puede adornarse con canela en polvo.

SOPA DE TAPIOCA

INGREDIENTES:

½ taza de tapioca.
1 hueso de chocozuela.
3 tazas de agua.
1 hueso de jamón.
1 cebolla.
¼ cucharadita zumo de limón.
¼ cucharadita de sal.
¼ cucharadita de azafrán.
2 tomates.

INSTRUCCIONES: Póngase la olla con los huesos, el agua y los demás ingredientes, menos la tapioca.

Tápese la olla. Al salir el vapor la válvula, póngase el indicador de presión siguiendo las instrucciones de la olla. Al marcar las 15 libras, rebájese el calor y cocínese 10 minutos. Transcurrido este tiempo apártese la olla del calor, y déjese que la presión baje sola.

Cuélese el caldo; échesele la tapioca y revuélvase bien. Tápese de nuevo la olla. Cuando el vapor salga por la válvula de escape, póngase el indicador de presión, rebájese el calor y cocínese 5 minutos. Pasado este tiempo apártese la olla del fuego y déjese que la presión baje lentamente.

Si se tiene caldo de sustancia se puede hacer esta receta más rápidamente. Echese el caldo en la olla, y cuando hierva agréguese la tapioca, cocinándola 5 minutos, siguiendo las instrucciones anteriores. También puede hacerse diluyendo 3 cuadraditos de caldo en agua caliente y con ese caldo se hace la sopa, en este caso no se eche sal en el caldo. Esta receta dá para 4 platos.

PURE DE VEGETALES

INGREDIENTES:

¼ taza zanahoria, picadita.
¼ taza de malanga picada
1 taza de acelgas picaditas, o espinacas.
¼ libra de pollo o jarrete
2 cucharadas de lentejas
1 cucharadas de cebolla picada.

¼ taza de calabaza picada.
2 cucharadas chícharos.
2 cucharadas garbanzos (puesto en remojo).
¼ taza de habichuelas picadas.
1 cucharadita de sal.
1 taza de agua.

INSTRUCCIONES: Los granos de esta receta deben estar en remojo el día anterior. Puede modificarse sustituyendo los garbanzos o chícharos, por frijoles colorados, o hacerlo con una sola clase, a fin de cambiar el sabor del puré y así es más variado y apetitoso al niño.

Póngase el agua en la olla con la carne o pollo picado y los granos y la sal. Tápese la olla. Cuando el vapor salga por la válvula de escape, póngase el indicador de presión siguiendo las instrucciones de la olla, y al obtener la marca de las 15 libras rebájese el fuego y cocínese durante 15 minutos. Transcurrido este tiempo, apártese la olla del calor y déjese que la presión baje sola.

Si no sale vapor por la válvula de escape, destápese la olla y échense los vegetales muy picaditos. Tápese la olla. Cuando salga vapor por la válvula póngase el indicador de presión, siempre de acuerdo con las instrucciones de la olla, y al obtener la marca de las 15 libras, redúzcase el fuego y cocínese 10 minutos. Pasado este tiempo, apartese la olla y enfríése con agua.

Al no salir vapor por la válvula, destápese la olla, échese la acelga muy picada y tápese de nuevo. Cuando tenga las 15 libras, apártese otra vez del calor y déjese que la presión baje sola. Cuando no salga vapor ábrase la olla, sáquese la carne o el pollo; pásese por un colador de puré y sírvase.

CREMA DE TRIGO

INGREDIENTES:

½ taza de crema de trigo
¼ cucharadita de sal.
1½ taza de agua hirviendo.

3 cucharadas de azúcar.
1 cucharadita de mantequilla
6 cucharadas de crema

INSTRUCCIONES: Póngase la mitad del agua de la receta en la olla. Dilúyase la crema de trigo en el agua fría restante. Vacíese lentamente en la olla cuando el agua esté hirviendo y revuélvase con una cuchara de madera hasta que esté mezclada, uniformemente, añadiéndose los demás ingredientes.

Tápese la olla; cuando el vapor salga por la válvula de escape póngase el indicador de presión siguiendo las instrucciones de la olla, y al marcar las 15 libras redúzcase el fuego y cocínese 5 minutos.

Pasado este tiempo, apártese la olla del calor y enfríese. Cuando no tenga vapor destápese, revuélvase la crema con cuchara de madera hasta unirla bien, y queda lista para servirse.

SOPA DE SEMOLA CON LECHE

INGREDIENTES:

1 lata de leche evaporada
½ taza de sémola.

2 tazas de agua.
¼ cucharadita de sal.

INSTRUCCIONES: Póngase en la olla destapada la leche evaporada, diluída en una taza de agua. Cuando empiece a hervir, échese la sémola, que se habrá disuelto previamente en agua sin calentar. Mézclese todo y tápese la olla. Cuando el vapor salga por la válvula de escape, póngase el indicador de presión siguiendo las instrucciones de la olla. Al marcar las 10 libras de presión, rebájese el calor y cocínese 10 minutos. Pasado este tiempo, apártese la olla y déjese que baje la presión.

USE SIEMPRE LA TAZA Y CUCHARITAS DE MEDIR PARA LA CONFECCION DE LAS RECETAS DE ESTE LIBRO

SOPA DE LENTEJAS

INGREDIENTES:

2 tazas de lentejas.
6 tazas de agua.
3 cucharadas de aceite.
1 cebolla grande.

½ libra tomates naturales
2 cucharaditas de sal.
2 ajíes (pimientos).
1 hoja de laurel.

INSTRUCCIONES: Las lentejas se escogen y lavan el día anterior, echándole las 6 tazas de agua, en la cual se cocinarán, sin agregarles más agua.

Pónganse en la olla, con el aceite, los ajíes picaditos, el laurel, la cebolla y los tomates. Tápese la olla. Cuando el vapor salga por la válvula de escape, colóquese el indicador de presión siguiendo las instrucciones de la olla, y al obtener la marca de las 15 libras, rebájese el calor y cocínese durante 15 minutos. Transcurrido este tiempo, apártese la olla del fuego y déjese que la presión baje lentamente. Cuando no tenga vapor destápese la olla, y sáquense las lentejas pasándolas por un colador de puré. Esta sopa es de un alto valor nutritivo por el hierro que contiene.

COMPOTA DE CIRUELAS

INGREDIENTES:

1 libra de ciruelas.
1 taza de jugo de naranjas

1 taza de agua.
2 tazas de azúcar.

INSTRUCCIONES: Déjense en remojo las ciruelas 4 ú 5 horas en el agua indicada en la receta. Pónganse las ciruelas en la olla de presión con el agua del remojo, el jugo de naranja y el azúcar.

Tápese la olla. Cuando el vapor salga por la válvula de escape, póngase el indicador de presión siguiendo las instrucciones de la olla, y al obtener la marca de las 11 libras redúzcase el fuego y cocínese durante 10 minutos.

Transcurrido este tiempo apártese la olla del calor y enfríese enseguida. Cuando no salga vapor por la válvula de escape, destápese la olla, sáquense las semillas a las ciruelas, pásense por un colador de puré, y únanse al almíbar donde se cocinaron.

Cada vitamina tiene una función específica en el organismo. Recuerde que la forma de cocción que permite la retención de mayor cantidad de vitaminas, es la de presión al vapor.

PANETELA BORRACHA EN LA OLLA DE PRESION

INGREDIENTES:

- ½ taza de harina de Castilla (cernida).
- ½ taza de maicena.
- 1 cucharadita de corteza de limón verde, rallado.
- 2 tazas de azúcar.
- 1½ taza de agua.
- 1 cucharadita de levadura.
- 6 huevos, muy frescos.
- 1 cucharadita de vainilla.
- 6 cucharadas de vino seco
- 1 cucharada de mantequilla

INSTRUCCIONES: Sepárense las seis yemas de las claras y bátanse con media taza de azúcar hasta que adquiera una consistencia cremosa, agréguense entonces el limón rallado y la vainilla, mezclándolo bien, bátanse a punto de merengue las seis claras hasta obtener un merengue bien consistente, aparte ciérnase la levadura, la harina y la maicena, agréguense alternativamente porciones de harina y de merengue a la mezcla de las yemas, uniéndola con cuchara de madera, cuidando de girar siempre hacia un solo lado, una vez todo bien unido échese en un molde redondo con un hueco en el centro el cual previamente deberá estar todo bien untado con mantequilla (1 cucharadita), que se disolverá a baño de María; caliéntese la olla de presión con la parrilla puesta sin líquido alguno, (la goma de la tapa de la olla debe de sacarse), por espacio de 8 minutos, a fuego vivo, la olla debe ser grande, puesto que el molde deberá quedar ½ pulgada separado alrededor del interior de la olla.

ADVERTENCIA: La olla deberá calentarse tapada pero sin la goma, una vez colocado el molde en la olla, tápese esta y cuando empiece a salir vapor póngase el indicador de presión, redúzcase el calor y hornéese de doce a quince minutos; transcurrido este tiempo apártese la olla, sáquese la válvula, destápese y desmóldese el bizcocho un poco en una fuente de cristal o loza, que sea redonda y algo honda. Hágase un almíbar ligera con taza y media de azúcar y taza y media de agua, apártese del calor, agréguensele las seis cucharadas de vino seco, pártase con un cuchillo de serrucho en trocitos cuadrados el bizcocho y se cubren con el almíbar caliente a fin de que el bizcocho lo absorba lo mejor posible. Una vez frío a la temperatura del ambiente, puede ponerse en el refrigerador. Puede añadirse si se desea una cucharadita de canela en polvo al almíbar, cuando está caliente.

COMIDAS SIMULTANEAS
En la Olla de Presión

Para hacer un menú completo en una sola olla, debemos de tener en cuenta como base, que el tiempo sea el mismo para todos dichos menús.

Podemos confeccionar nuestro menú de la manera más fácil, e incluyendo en ellos hasta los postres, y para ello nos orientaremos en la tabla de tiempo para la olla de presión insertada en este libro, una vez apuntado los platos que deseamos hacer. Es importante que las sopas o alimentos que lleven más líquido o agua sean siempre los que se depositen en el fondo de la olla, ya que el vapor producido por dichos líquidos serán los que aprovecharemos para la cocción de los alimentos insertados en los compartimentos que van en la parte interior y superior de dicha olla. Si ellos son vegetales, pues el arroz siempre tiene que llevar el agua indicada en las recetas. Las demás recetas deben de hacerse lo mismo que para las otras ollas.

También podemos hacer menús de dos tiempos en la olla simultánea y entonces el sistema a seguir consistirá en el plato cuya cocción requiera el mayor tiempo, cocinarlo antes, apartar la olla del calor y una vez que la presión haya bajado, entonces, agregarle los platos restantes hasta completar el tiempo total del plato inicial.

Por ejemplo: Supongamos que tenemos que hacer un boliche que nos lleva 45 minutos de cocción, y que deseamos hacer un arroz con pescado, un flan y un puré de papas. Prepararemos el boliche y siguiendo las instrucciones de las recetas de este libro le agregaremos el líquido correspondiente de acuerdo con la capacidad de la olla que como las recetas de este libro están hechas a base de ollas de 4 a 6 litros le pondremos una tercera parte más de líquido del indicado para las otras ollas. Cerraremos la olla y cocinaremos el boliche por espacio de 35 minutos, transcurrido este tiempo apartaremos la olla del calor y la dejaremos hasta que baje la presión lentamente con el aire. Una vez abierta la válvula de escape y no habiendo vapor en el interior de la olla, la destaparemos y le agregaremos los otros platos, y escogeremos un molde de los grandes para el flan que emplearemos 10 minutos que es el tiempo que se requiere, para el arroz con pescado para la cocción de las papas para el puré y el flan.

Importante: El agua al arroz debe de agregársele caliente y en el momento de poner el depósito para el mismo en la olla, y habérsele agregado ya el sofrito correspondiente que en este caso puede hacerse en una sartén corriente mientras se cocina el boliche.

MENUS PARA CONSERVAR LA LINEA

Para la cocción de los vegetales en ollas de presión sígase las instrucciones de las tablas de tiempo de este libro.

MENU NUMERO 1

4 onzas de langosta cocida al vapor según indicaciones de la tabla de tiempo en ollas de presión.

4 onzas de papas.
4 onzas de habichuelas.

Condimento de la langosta. Escójase una de las salsas de las indicadas para esta clase de menús.

POSTRE
FRUTA BOMBA, LA QUE SE DESEE.

MENU NUMERO 2

Ensalada de pimientos con cebollas. Sazónese con dos cucharadas de vinagre y ½ cucharadita de aceite.

4 onzas de espinacas, sazónese con la salsa que se desee de las indicadas para estos menús.

4 onzas de palomilla, limpia de sebo, a la parrilla.

Sazonada, con un ajo machacado, dos cucharaditas de jugo de naranja agria, 1 cucharadita de perejil, y ½ cucharadita de aceite de Oliva.

POSTRE
PIÑA, LA CANTIDAD QUE SE DESEE

NOTA: Procurar la menor sal posible, al condimenatr. Pan tostado, dos rebanadas en cada comida o dos galletas, preferiblemente de harina no refinada.

MENU NUMERO 3

Ensalada de tomates y lechuga.

4 onzas de zanahorias.
4 onzas de habichuelas.

¼ libra de masa de pargo.

Cocínese el pargo al vapor según instrucciones de la tabla de tiempo. Hágase una salsa con

2 cucharadas de zumo de limón.
2 cucharaditas de aceite.

5 cucharadas de puré de tomate.
1 ajo machacado.

Cocínese a fuego lento y agréguese al pargo al servirse.

POSTRE

MANZANAS, PAN, DOS TOSTADAS.

MENU NUMERO 4

Ensalada de pimientos morrones en conserva. Sazón para la ensalada una de las salsas indicadas para estos menús.

2 onzas de cebollitas tiernas.
4 onzas de jamón de lunch sin grasa.

4 onzas de calabaza cocida al vapor.

Sazón para la ensalada, una de las salsas indicadas para estos menús.

POSTRE

FRUTA BOMBA.

MENU NUMERO 5

Ensalada de col.

4 onzas de papas.
2 huevos cocidos.

1 manojo de acelgas con salsa blanca.

POSTRE

NARANJAS.

MENU NUMERO 6

Ensalada de coliflor.

4 onzas de hígado (bistec) a la plancha. Sazónese el hígado con 2 cucharadas de vinagre

2 cucharaditas de ají picadito. Todo bien machacado, se unta el bistec dejándolo en esta sazón ½ hora.

1 cucharadita de manteca líquida y 1 ajo machacado.

POSTRE

UVAS.

MENU NUMERO 7

Ensalada de pepinos.

4 onzas de bacalao.	2 cucharaditas de aceite de oliva.
4 onzas de papas.	
4 onzas de cebollas.	4 cucharaditas de perejil muy picadito.
1 lata de pimientos morrones.	

Prepárese el bacalao en crudo agregándose todos los ingredientes y cocinándolos en la olla 10 minutos, a 15 libras de presión.

POSTRE
4 ONZAS DE QUESO FRESCO SIN SAL, 2 NARANJAS.

NOTA: El bacalao tiene que estar a remojo en el refrigerador 24 horas, cambiándole el agua 2 veces cada día.

MENU NUMERO 8

Ensalada de berros.

Sazónese con dos cucharadas de vinagre , ½ cucharadita de aceite de oliva.

2 huevos.	8 cucharadas de tomate (puré).
8 cucharadas de tomate.	
2 cucharadas de perejil muy picadito.	¼ cucharadita de sal.
	1 cucharadita de aceite de oliva.

INSTRUCCIONES: Póngase en la olla destapada todos los ingredientes menos los huevos y cocínese con la olla destapada 5 minutos a fuego lento agregándose después los huevos cuidando de que no se cuaje la yema.

Ensalada: 4 onzas de zanahoria, 4 onzas de papas, 4 onzas de habichuelas.

Cocínese todo en la olla de presión según indican las tablas de tiempo de este libro.

POSTRE
1 TORONJA, COMIDA CON LA PULPA.

MENU NUMERO 9

Ensalada de lechuga y tomates.
Sazónese con dos cucharadas de vinagre , 1 cucharadita de aceite de oliva. Pollo en su jugo.

4 onzas de zanahorias.
4 onzas de papas.
4 onzas de pollo (preferible la pechuga).
1 cucharadita de mantequilla

1 cucharadita de limón.
4 onzas de habichuelas.
½ taza de cebolla muy picadita.
1 hoja de laurel.
¼ cucharadita de sal.

INSTRUCCIONES: Sazónese el pollo con todos los ingredientes indicados y déjese ½ hora por lo menos para que absorba el sabor de ellos. Póngase en la olla la parrilla y añádanse 4 cucharadas de caldo desgrasado, deposítese el pollo arriba de dicha parrilla y agréguense los demás ingredientes y cocínese 10 minutos a 15 libras de presión. Déjese que baje la presión lentamente.

Ensalada cocida. Coliflor con una de las salsas indicadas para estos menús.

POSTRE
COMPOTA DE MANZANAS

Instrucciones para la compota de manzanas:

Pártase en pedazos pequeños una manzana grande con la piel. Póngase en la olla de presión la parrilla, deposítese arriba de ella la manzana y una lazca de canela en rama, añádanse 4 cucharadas de agua, tápese la olla y cocínese 5 minutos 15 a libras de presión. Transcurrido este tiempo apártese la olla del calor, sumérjase en agua y cuando no salga vapor ábrase y pásese la manzana por un colador de puré.

MENU NUMERO 10

Ensalada mixta de lechuga, tomates, pepinos y berros. Condiméntese con dos cucharadas de vinagre y 1 cucharadita de aceite de oliva.

TORTILLA DE ESPINACAS

INSTRUCCIONES: Cocínese la espinaca 1 minuto a 15 libras de presión, enfríese la olla enseguida, sáquese.

Bátanse 2 huevos y agréguesele las espinacas. Untese ligeramente de mantequilla, la sartén y en fuego lo más bajo posible échese las espinacas y el huevo, váyase dándole la vuelta a la tortilla con cuidado, pues como tiene poca grasa es fácil de partirse y enrróllese con cuidado. Puede echarse a las espinacas jugo de limón si se desea. Sírvase agregándole:

2 onzas de jamón (masa).

2 pimientos morrones picaditos.

POSTRE
CIRUELAS PASAS SIN ALMIBAR

INSTRUCCIONES: Póngase en remojo por lo menos dos o tres horas las ciruelas pasas, ½ libra; 1 taza de agua, colóquese en la olla con una lazca de canela en rama y ½ cucharadita de cáscara de limón rallada y 5 gotas de vainilla. Tápese la olla, cocínese a 15 libras de presión 5 minutos y déjese que baje la presión al aire lentamente. Si se quiere compota de ciruelas, déjese cocinar con la olla destapada unos minutos y pásese la ciruela por un colador de puré espesándose según se desee, pues depende del tiempo de cocción en la olla destapada, que evaporizará el líquido.

MENU NUMERO 11
COCKTEL DE FRUTAS NATURALES

Puré de calabaza.
Acelgas con leche.

Parquito al vapor.
(Receta página 109)
Postre, queso fresco.

INSTRUCCIONES: De las frutas indicadas que no engordan escójanse varias de ellas según el gusto personal y pártanse en pedacitos muy pequeños, pónganse en el refrigerador, no se le agregue azúcar.

Puré de calabaza. Síganse las instrucciones de la receta de calabaza al vapor. Una vez tierna la calabaza aplástese adicionándole ½ cucharadita de mantequilla y 4 cucharadas de leche evaporada y pásese por el colador de puré. Cantidad de calabaza, 4 onzas.

ACELGAS CON LECHE
(Véase página 172)

Parquito al vapor, hágase según la receta indicada en el índice de este libro, pero con ½ cucharadita de aceite.

El queso fresco debe tener muy poca sal, puede sumergirse en agua fresca ½ hora, más o menos por si tuviese excesos de ella hacerlo más agradable al paladar.

MENU NUMERO 12

Sopa de vegetales.
Tortilla de jamón.

Ensalada de espárragos.
Postre, piña.

SOPAS DE VEGETALES
(Véase página 172)

Tortilla de jamón. Bátanse dos huevos con las claras separadamente, mézclese todo y agréguese 4 onzas de masa de jamón, échese en la sartén una cucharadita de mantequilla y en un fuego muy lento hágase la tortilla, dándole la vuelta poco a poco hasta darle una forma alargada.

Espárragos en conserva o naturales. Pueden sazonarse con una de las salsas indicadas para estos menús, o 2 cucharadas de vinagre y una cucharadita de aceite.

MENU NUMERO 13

Huevos con tomates.
Papas a la lionesa.

Ensalada de rabanitos.
Postre, melocotón.

INSTRUCCIONES: Pásese por la máquina de moler ½ taza de cebolla agregándose 1 taza de puré de tomate, 1 cucharada de aceite de oliva, ½ cucharadita de sal, cocínese todo con la olla destapada por espacio de 3 ó 4 minutos agregándose después 2 huevos separadamente hasta que se cuaje la clara completamente.

Papas a la lionesa: Cocínese en la olla de presión las papas muy picaditas y con la base de la olla o parrilla puesta 8 minutos a 15 libras de presión, enfríese la olla, sáquese el agua donde fueron cocinadas y agréguesele 1 cucharadita de aceite y un diente de ajo machacado que se habrá frito a fuego muy lento separadamente en una cucharada de manteca líquida y únase todo a las papas más dos cucharadas de perejil muy picadito. Cantidad de papas, 4 onzas, puede echársele 1 cucharada de jugo de limón si se desea.

La ensalada de rabanitos, alíñese con 2 cucharadas de vinagre y 1 cucharadita de aceite.

Los melocotones en conserva sáquesele el almíbar completamente y sírvanse sin ella.

MENU NUMERO 14

Ensalada de remolacha y papas.
Tomates de ensalada y pimientos.

Zanahoria con jamón y guisantes (petit-pois).
Postre, pera natural.

INSTRUCCIONES: Cocínese las papas y la remolacha separadamente, cuidando de dejarle a la remolacha parte de los tallos y sin pelarla y siguiendo las instrucciones para la cocción de vegetales de las tablas de tiempo. Cuidando de poner la parrilla a la olla de presión al cocinarlos.

Zanahoria con jamón y guisantes: Pártase la zanahoria en lascas alargadas, póngase en la olla con la parrilla y ½ libra de masa de jamón, una cebolla grande en ruedas y ½ taza de petit-pois cocinándose todo por espacio de 12 minutos a 15 libras de presión, una vez transcurrido este tiempo, enfríese la olla con agua y sírvase. No debe de echarse agua a este plato sólo el líquido de la conserva que trae el petit-pois. Ensalada de tomates: Pártase en ruedas el tomate y cocínese aparte dos ajíes grandes verdes de ensalada por espacio de 4 minutos a 15 libras de presión, enfriándose la olla enseguida. Sáquense y pélense con cuidado y agréguense el agua donde fueron cocinados a la ensalada (4 cucharadas) ½ cucharadita de aceite de oliva y una de vinagre o limón.

MENU NUMERO 15

1 taza de caldo de carne desgrasado.
1 plato de diferentes vegetales mezclados.

¼ libra de pierna de carnero a la parilla.
Ensalada de lechuga americana.
Postre, una toronja.

INSTRUCCIONES: El caldo puede seleccionarse uno de los que más nos guste teniendo el cuidado de tenerlo en el refrigerador hasta que la grasa quede congelada en la superficie y colándolo después.

Los vegetales conviene escogerlos que tengan igual tiempo de cocción según la tabla de tiempo de este libro y una vez puesta la parrilla ½ taza de agua cocinarlos a 15 libras de presión y enfriarse la olla rápidamente.

Carnero: Macháquese un ajo y dos cucharadas de yerba buena picadita o perejil, ¼ cucharadita de azafrán y 1/4 cucharadita de aceite de oliva y úntese en el carnero, dejándole en este adobo ½ hora.

Caliéntese la olla de presión vacía y destapada 4 minutos y fríase el carnero lentamente y con poco calor, agregándose ½ cucharadita de mantequilla líquida. Tápese la olla y cocínese 10 minutos a 15 libras de presión, transcurrido este tiempo, apártese la olla del calor y déjese que baje la presión lentamente.

Alíñese la ensalada con vinagre o jugo de limón y ½ cucharadita de aceite.

MENU NUMERO 16

CREMA DE MAIZ TIERNO CON LECHE

Crema de maíz tierno con leche.

Col con tomate y pollo.
Ensalada de pepinos.
Postre, uvas.

INSTRUCCIONES: En una taza de leche 1 cucharadita de azúcar turbinada y una cucharadita de canela, disuélvase ¼ taza de maíz tierno después de pasado por un colador, mézclese todo añadiéndole ¼ cucharadita de sal y cocínese en la olla de presión 10 minutos a 10 libras de presión, apartando la olla una vez transcurrido este tiempo y enfriándola con agua.

IMPORTANTE: Hay que revolverlo bien en la olla antes de cerrarla, y después de la cocción en el momento de servirlo. La leche hay que añadirla muy caliente.

Col con tomate: ¼ libra de col muy picadita, ½ taza de puré de tomate. ½ cucharadita de aceite de oliva, 1 cucharadita de sal, una pechuga de pollo o muslo, ¼ cucharadita de mantequilla líquida, nuez moscada la que se puede coger con dos dedos (rallada), 1 aji muy picadito y ¼ cucharadita de pimentón. Mézclense todos los ingredientes en crudo y cocínese en la olla de presión 10 minutos a 15 libras de presión, después de transcurrido este tiempo apártese la olla del calor y deje que baje la presión lentamente.

La ensalada alíñese con dos cucharadas de vinagre y ½ cucharadita de aceite de oliva.

SALSA DE TOMATES

INGREDIENTES:

- ½ taza de agua.
- 1 ají grande.
- 1 hoja de laurel.
- 1 cebolla mediana.
- 3 dientes de ajos.
- 1 libra de tomates naturales.
- 1 cucharada de perejil picado.
- 1 cucharadita de sal.

PREPARACION: Deposítense todos estos en la olla de presión, ciérrese la olla cuando empiece a salir el vapor por la válvula de escape, póngase el indicador de presión y al marcar 15 libras de presión cocínese por espacio de 5 minutos. Una vez transcurridos, apártese la olla del calor y sumérjase en agua para que baje la presión. Cuando no salga vapor por la válvula de escape, sáquese el indicador de presión y pásese dicha salsa por un colador de puré.

SALSA MARIETTA

INGREDIENTES:

- 1 ajo porro picadito.
- 1 taza de papas picadas.
- 1 taza de agua.
- 2 dientes de ajos.
- ¼ cucharadita de nuez moscada rallada.
- ¼ taza de queso blanco rallado.
- ¼ taza de leche evaporada.
- ¼ cucharadita de sal.
- 1 clavo de especia.

PREPARACION: Se mezcla al agua las papas, el ajo porro, los ajos, la nuez moscada y el clavo depositándose en la olla de presión. Ciérrese la olla al empezar a salir el vapor por la válvula de escape, póngase el indicador de presión según las instrucciones de su olla. Al marcar 15 libras de presión, cocínese por espacio de 8 minutos, transcurridos ellos, apártese la olla del fogón y deje que baje la presión lentamente. Cuando no salga vapor destápese la olla y pásese todo con el líquido que contenga por un colador de puré. Con cuchara de madera revuélvase bien agregándole la leche evaporada, y el queso rallado y cocínese dos minutos en la olla destapada.

SALSA DE AJI

INGREDIENTES:

3 ajíes grande de ensa-
¼ taza de agua.
3 cucharadas de vinagre o de jugo de naranja agria.

1 lata de pimientos morrones en conserva.
1 hoja de laurel.
1 cebolla mediana.
1 cucharadita de aceite de oliva.
1 cucharadita de sal.

PREPARACION: Mézclense todos los ingredientes a excepción de los pimientos morrones, deposítense en la olla una vez cerrada, cuando empiece a salir vapor por la válvula de escape, póngase el indicador de presión de acuerdo con las instrucciones de la olla, al marcar 15 libras de presión cocínese por espacio de 5 minutos, transcurridos los cuales apártese la olla del fogón y déjese que baje la presión de la olla, destápese, y agréguesele la lata de pimientos morrones muy picaditos y con el jugo que tienen cocínese con la olla destapada dos minutos y revolviéndolo continuamente con cuchara de madera. Pásese después por un colador de puré.

SALSA DE CAMARONES

INGREDIENTES:

2 cucharadas de mantequilla
¼ taza de cebolla.
1 taza de caldo.

½ libra de camarones.
1 cucharada de harina de Castilla.
3 cucharadas de aceite.

INSTRUCCIONES: Las mismas instrucciones que la receta de arriba mencionada. Sírvase con pescado. Cantidad 2 tazas.

SALSA DE COLIFLOR

INGREDIENTES:

¼ taza de agua.
2 tazas de coliflor muy picaditas.
¼ taza de perejil picadito
½ taza de leche.

1 taza de cebolla muy pidicadita.
1 cucharadita de mantequilla líquida.
¼ taza queso rallado.

PREPARACION: Se pone en la olla de presión, la cebolla, la coliflor, sal y perejil tápese la olla, cuando comience a salir vapor por la válvula de escape póngase el indicador de presión según sea la marca de su olla, al alcanzar las 15 libras de presión, cocínese durante 10 minutos, transcurrido este tiempo apártese la olla del calor, y enfríese con agua. Cuando no salga vapor por la válvula de escape, destápese la olla, se pasa por un colador de puré, se le añade la mantequilla, la leche y el queso, revolviéndolo bien para unirlo perfectamente cocinándolo 2 minutos hasta unir bien la salsa y darle el espesor.

NOTA: La coliflor debe cocinarse arriba de la parrilla de la olla, al vapor.

SALSA DE BERRO

INGREDIENTES:

2 tazas de berro muy picadito.
1 cebolla.
½ cucharadita de aceite de oliva.

2 dientes de ajo.
3 cucharadas de vinagre o jugo de limón.
¼ taza de agua.

PREPARACION: Pónganse todos los ingredientes en la olla de presión. Tápese al salir el vapor por la válvula de escape, póngase el indicador de presión, y al tener las 15 libras, redúzcase el calor, cocinándose por espacio de 5 minutos, una vez transcurridos, enfríese la olla sumergiéndola en agua, cuando no salga vapor por la válvula, destápese la olla y pásese el contenido por un colador de puré mezclándolo bien.

MAYONESA SIN HUEVO

INGREDIENTES:

½ taza de leche evaporada.
2 cucharadas de vinagre.

1 cucharadita de sal.
1 cucharadita de mostaza
1 taza de aceite.

MAYONESA

INGREDIENTES:

1 huevo.
2 cucharadas de limón o vinagre.

½ cucharadita de mostaza.
½ cucharadita de sal.
1 taza de aceite.

INSTRUCCIONES en cotelera para esta salsa. Si esta receta no se hace en cotelera hágase con dos yemas y ½ taza de aceite.

MAYONESA DE ZANAHORIA

INGREDIENTES:

1 huevo.
2 cucharadas de limón o vinagre.
½ cucharadita de sal.
½ cucharadita de mostaza.
⅓ taza de zanahoria.
1 taza de aceite.

SALSA DE CEBOLLA

INGREDIENTES:

½ taza de mantequilla.
1 taza de cebolla picada.
1 taza de caldo de res.
½ cucharadita de sal.
1 cucharada de Jerez.
un poco de pimienta.

INSTRUCCIONES: Fríanse los ingredientes del primer grupo o sea, mantequilla y cebolla hasta que las cebollas estén doradas. Coloque todos los ingredientes en la coctelera, y eche andar la batidora por un mniuto. Viértase el contenido en una sartén y cocínese revolviendo continuamente hasta que la salsa esté espesa. Cantidad, 2 tazas. Sírvase sobre hamburgues, filete, hígado, etc.

SALSA DE MOJO CRIOLLO

INGREDIENTES:

1 taza de naranja agria.
3 dientes de ajo.
½ taza de cebolla picada.
1 cucharadita de orégano.
¼ cucharadita de pimienta molida.
¼ taza de vino seco.
1 cucharadita de sal.

INSTRUCCIONES: Coloque todos los ingredientes en la coctelera y échese andar la batidora por un minuto.

Este mojo es exquisito, sirve para adobar lechón, pollo y carne, especialmente para asar a la parrilla.

ROQUEFORT

INGREDIENTES:

1 taza de aceite.
3 cucharadas de limón.
1 cucharadita de sal.
3 onzas de queso Roquefort.
2 cucharaditas de pimentón.
1 cucharada de cebolla picada.
1 cucharadita de azúcar.

INSTRUCCIONES: Coloque todos los ingredientes en la coctelera. Tápese y eche andar la batidora por unos 20 segundos. Para servir sobre cualquier ensalada.

ACELGAS CON LECHE

INGREDIENTES:

1 manojo de acelgas.
½ cucharadita de sal.
½ taza de leche.
1 cucharadita de mantequilla líquida.
½ atza de papas picaditas
¼ taza de agua.

PREPARACION: Pártase en trozos muy pequeños la acelga y con el ¼ taza de agua y la parrilla puesta échense en la olla. Tápese cuando comience a salir el vapor por la válvula, colóquese el indicador de presión de acuerdo con las instrucciones de su olla, al marcar las 15 libras apártese del calor y déjese que baje la presión lentamente.

...Las papas deben de cocinarse 7 minutos a presión siguiendo l amisma técnica que las acelgas.

Una vez todo cocinado se pasa por un colador de puré la papa, y se le va agregando lentamente la leche y la mantequilla, para que quede un puré clarito se revuelve bien con cuchara de madera uniéndosele la acelga.

SOPA VEGETAL (4 raciones)

INGREDIENTES:

½ taza de papas picaditas muy menuditas.
½ taza de zanahoria en igual forma.
½ taza de calabaza igual.
1 manojo de acelgas o espinacas.
¼ taza de apio muy picado.
½ cucharadita de sal.
1 cebolla mediana picadita o ajo porro.
2 tazas de agua.
1 cucharadita de aceite de oliva.

PREPARACION: Mézclense todos los vegetales e ingredientes en la olla. Tápese cuando salga vapor por la válvula de escape, colóquese el indicador de presión según las indicaciones de su olla, al marcar las 15 libras de presión redúzcase el calor inmediatamente, y cocínese por espacio de 15 minutos a 15 libras de presión, transcurridos los cuales apártese la olla del calor. Sumérjase en agua un momento para que baje la presión.

No abra nunca la olla cuando la tapa ofrezca resistencia; espere a que no salga vapor por la válvula para abrirla.

BONIATOS EN DULCE

INGREDIENTES:

3 tazas de boniatos salcochados.

¼ taza de mantequilla derretida.

de miel de abeja.

1 pedacito de cáscara naranja.

1½ taza de manzanas peladas.

½ taza de azúcar prieta.

½ cucharadita de sal.

INSTRUCCIONES: Coloque los boniatos picados en rueditas en un molde engrasado, los demás ingredientes se ponen en la coctelera. Eche a andar la batidora 1 minuto. Vierta el contenido de la coctelera sobre los boniatos, y hornéese por una hora a una temperatura de 350 F. Este plato es exquisito con jamón en dulce caliente.

NOTA: Para adornar los boniatos coloque merengue 10 minutos antes de sacar del horno.

"ESPAÑA"

Importadores de Artículos de Decoración, Regalos, Conservas de Pescados y CHORIZOS

Muñecas de adornos, Guitarras y Castañuelas profesionales, Pinturas, Cuadros, Panoplias de Espadas Toledanas, Perfumería, Toros y toreros, Ceramica pintada, Mantillas, Misales y Rosarios de Pétalos de Rosa, Tijeras y Navajas, doble temple "Filarmonica", Blusas y Baticas bordadas, etc.

T. PLA & CO. 751 S.W. 8 ST.
Miami, Fla. 33130
TELEFONO 377-4844

NORMAS GENERALES DE TIEMPO PARA COCINAR MACARRONES, SPAGUETTI Y ARROZ

CLASES	Tiempo de cocción después que el indicador marque 15 libras de presión.	Cantidad de agua ó líquido
Macarrones	10 a 15 minutos. (según tamaño)	Que los cubra más de 2 pulgadas de agua, hirviendo.
Spaguetti	8 minutos.	,, ,,
Arroz blanco	5 minutos.	Según la receta indicada.
Arroz amarillo	10 minutos.	

DULCES EN ALMIBAR, FLANES, PUDINES

CLASES	Tiempo de cocción después que el indicador marque 15 libras de presión.	Cantidad de agua ó líquido.
Orejones de peras, manzanas, albaricoque, melocotón (puestos en remojo)	5 minutos.	1 taza por cada libra.
Ciruelas pasas (puestas en remojo)	5 ,,	1 taza por cada libra.
Fruta bomba	5 ,,	Cocinarla en el jugo de la fruta.
Manzana asada (pequeña)	5 ,,	¼ taza.
Manzana asada (grande)	8 ,,	¼ ,,
Dulce de coco rallado	25 ,,	2½ por 2 tazas de coco.
Dulce de naranja o toronja	25 ,,	2 por 3 tazas de la fruta.
Flanes: pequeños	3 a 5 ,,	2 tazas de agua.
Flanes: grandes	15 ,,	2 tazas de agua.
Flan de coco rallado, mediano	10 a 15 ,,	2 tazas de agua.
Flan de coco rallado, grande	15 a 25 ,,	2 tazas de agua.
Dulce de mango	10 ,,	Cocinarlo en el jugo de la fruta y el azúcar.
Dulce de mamey, cocinarlo dentro de recipiente de cristal resistente al calor y poniendo 2 tazas de agua en la olla haciéndolo a baño de María.		

Pudines síganse indicaciones de las recetas, según la clase.

NORMAS GENERALES DE TIEMPO PARA COCINAR VEGETALES Y MAIZ

Importante: Cocinar los vegetales al vapor y enfriar la olla sumergiéndola en agua al terminar la cocción y sacándolas a excepción de las sopas de vegetales.

CLASES	Tiempo de cocción después que el indicador marque 15 libras de presión.	Cantidad de agua ó líquido.
Zanahoria entera	10 minutos.	¼ taza, en olla de 4 litros, si es de 6, sólo ½ taza.
Zanahoria en tajadas muy pequeñas	5 ,,	½ ,,
Tomates	Al subir la presión retirar la olla del calor.	
Ajíes ensalada	5 minutos	½ ,,
Col partida	8 a 10 ,,	½ ,,
Col entera	15 ,,	½ ,,
Remolacha entera	20 ,,	½ ,,
Remolacha partida	15 ,,	½ ,,
Maíz en mazorca, tierno	20 ,,	½ ,,
Maíz desgranado	45 a 60 ,,	½ ,,
Acelga y espinaca	1 ,,	¼ ,,
Harina de Maíz (fina)	10 a 15 ,, (puesta en remojo el día anterior).	2½ tazas de agua hirviendo por cada taza de maíz.
Harina de maíz (gruesa)	20 minutos (puesta en remojo), 25 minutos sin poner en remojo.	
Coliflor partida	5 a 8 minutos.	¼ taza en olla de 4 litros si es de 6 litros, ½ taza.
Quimbombó	5 a 8 ,,	½ ,,
Coliflor entera	15 ,,	½ ,,
Habichuelas	5 ,,	½ ,,
Chayotes	10 ,,	½ ,,
Berenjenas	10 ,,	½ ,,

Todos los vegetales deben de cocinarse con la parrilla de la olla puesta y al vapor.

Por la cocción se destruyen cantidades considerables de algunas vitaminas, especialmente de las B-1 y C, por lo tanto, a menor tiempo de cocción, menor pérdida de vitaminas. Recuerde que en la olla de presión, el tiempo de cocción se cuenta por minutos y no por horas.

NORMAS GENERALES DE TIEMPO PARA COCINAR AVES

CLASES	Tiempo de cocción después que el indicador marque 15 libras de presión.	Cantidad de agua o líquido
Pollo de 2 a 2½ libras. Asado	10 minutos.	¼ taza.
Pollo de 3 a 5 libras	15 ,,	½ ,,
Pollo con arroz	síganse las instrucciones de las recetas de este libro.	½ ,,
Pavo en trozos	30 minutos.	½ ,,
Pavo asado entero	40 ,,	½ ,,
Guinea de 2 libras	15 ,,	½ ,,
Guinea mayor de 2 libras	20 ,,	½ ,,
Gallina de 2 libras	20 ,,	½ ,,
Gallina de más de 2 libras	20 ,,	½ ,,
Gallos	20 ,,	½ ,,

NORMAS GENERALES DE TIEMPO PARA COCINAR POTAJES Y SOPAS

CLASES	Tiempo de cocción después que el indicador marque 15 libras de presión.	Cantidad de agua
Chícharos pelados o enteros cocinarlos en muy pequeñas cantidades, y en poca agua, pues se corre el riesgo de obstruir la válvula	10 minutos	Que los cubra bien, una pulgada para potajes.
Lentejas	10 ,,	,, ,,
Judías	20 ,,	,, ,,
Garbanzos	15 a 20 ,,	,, ,,
Frijoles colorados	20 a 30 ,,	,, ,,
Frijoles negros	20 a 25 ,,	,, ,,
Frijoles caballeros	15 ,,	,, ,,
Frijoles carita (Puesto los granos en remojo 10 o 12 horas)	20 ,,	¼ partes de capacidad de la olla (máxima).
Sopas de sustancia	10 a 20 ,,	,, ,,
Sopa de vegetales	10 a 15 ,,	,, ,,
Sopa de fideos		
Fideos Cabello de ángel los más finos	4 ,, 1 ,,	,, ,, ,, ,,
Sopa de arroz	4 ,,	,, ,,
Sopa de macarrones	10 ,,	,, ,,
Sopa de pastas	5 ,,	,, ,,
Consomé	20 ,,	,, ,,

NORMAS GENERALES DE TIEMPO PARA LA COCCION DE CARNES

CLASES	Tiempo de cocción después que el indicador marque la presión en libras indicadas en la receta.	Cantidad de agua, o líquido de cualquier clase por cada libra de carne.
Albóndigas	10 minutos.	½ taza.
Asado de res (boliche)	30 minutos por libra no pasando de 60 minutos.	4 cucharadas.
Asada partida (jarrete)	20 minutos.	2 ,,
Bistec en cazuela	15 ,,	3 ,,
Bistec pequeño	10 ,,	3 ,,
Tasajo desalado	25 ,,	¼ taza.
Chuletas	10 ,,	3 cucharadas
Hígado	5 ,,	2 ,,
Carnero	20 minutos y 5 más por cada libra adicional.	1½ ,,
Hamburguesa	3 ó 5 minutos.	1 ,,
Lengua (pequeña) entera	45 ,,	¼ taza
Lengua (grande) entera	60 ,,	½ ,,
Riñones	10 ó 15 ,,	5 cucharadas.
Corazón de res	1 hora.	¼ taza
Jamón	25 minutos.	¼ ,,
Carne de puerco	20 ,,	¼ ,,
Conejo o liebre	20 ,,	6 cucharadas.

Esta cantidad de líquido para cocinar en ollas de 4 litros; Para 6 agréguese mitad más del marcado en la tabla, ya que varía según la capacidad de la olla.

En las recetas de este libro se indican la cantidad de líquido y tiempo para confeccionar las mismas. Siga sus instrucciones.

USE SIEMPRE LA TAZA Y CUCHARITAS DE MEDIR PARA LA CONFECCION DE LAS RECETAS DE ESTE LIBRO

NORMAS GENERALES DE TIEMPO PARA COCINAR VIANDAS

CLASES	Tiempo de cocción después que el indicador marque las 15 libras de presión	Cantidad de agua.
Calabaza entera	10 minutos.	¼ taza.
Calabaza partida	5 ,,	¼ ,,
Malanga en ruedas	10 ,,	½ ,,
Malanga entera	15 ,,	½ ,,
Plátano verde	10 a 15 ,,	½ ,,
Plátano maduro	5 ,,	½ ,,
Plátano pintón	5 a 10 ,,	½ ,,
Boniato partido	10 ,,	½ ,,
Boniato entero	15 ,,	½ ,,
Ñame partido	10 ,,	½ ,,
Ñame entero	15 ,,	½ ,,
Yuca partida pequeña	10 ,,	Cubiertas completamente.
Yuca entera	10 a 15 ,,	Cubiertas completamente.
Yuca partida grande	15 a 20 ,,	½ taza.
Papas enteras	15 ,,	½ ,,
Papas picadas medianas	10 ,,	½ ,,
Papas en cuadraditos pequeños	6 ,,	½ ,,

NORMAS GENERALES DE TIEMPO PARA COCINAR PESCADOS Y MARISCOS

CLASES	Tiempo de cocción después que el indicador marque las 10 libras de presión	Cantidad de agua o líquido
Bacalao en trozos pequeños	10 minutos.	Para salcochar 1 taza por libra, puesto en remojo por lo menos 12 horas y cambiándole el agua dos o tres veces.
Bacalao en trozos grandes	15 ,,	
Pescado salado, previamente puesto en remojo para desalarlo y cambiándole 3 o 4 veces el agua	10 ,,	¼ taza por libra.
Pescado en ruedas finas	5 ,,	¼ ,, ,, ,,
Pescado en ruedas gruesas	8 ,,	¼ ,, ,, ,,
Parguitos pequeños	5 ,,	½ ,, ,, ,,
Langosta	10 a 15 ,,	¼ taza.
Camarones	5 ,,	¼ ,, ,, ,,
Almejas	5 ,,	½ ,, ,, ,,
Cangrejo	10 ,,	¼ taza por libra.

LOS PRODUCTOS ALIMENTICIOS DE ORIGEN ACUATICO

Valor nutritivo de los pescados y mariscos.—Su aprovechamiento como factor esencial para el sustento de los seres humanos.—Las nuevas orientaciones mundiales para incrementar su consumo.— Necesidad básica de una plena utilización de la riqueza natural de pesca.—Algunos detalles sobre las especies más valiosas que se obtienen en Cuba, explicando sus destacadas cualidades como alimento.

El mérito de los pescados y mariscos como alimentos es de todos bien conocido, como lo es el hecho de que hay regiones donde constituyen casi la totalidad de la dieta, por ser los únicos productos comestibles que pueden obtener fácilmente sus habitantes, siendo de notar que, no obstante esa limitación forzosa al consumo de un solo tipo de substancia alimenticia, la nutrición de sus pobladores es perfecta, mostrando frecuentemente una constitución física envidiable.

Ello se debe a que dichos alimentos de origen acuático contienen, con la excepción de los carbohidratos (azúcares o almidones), todos los elementos necesarios para una ración completa o balanceada, como son la proteína o materia azoada, minerales, vitaminas, y alguna proporción de grasas que es más abundante en ciertas especies, comparándose por tanto el pescado muy favorablemente con la leche y la carne, conceptuados entre los más completos en ese sentido.

Como ejemplo, y hablando ya de peces cubanos, diremos que el nombrado vulgarmente serrucho o sierra y su especie similar, la pintada, que aquí se pescan frecuentemente en abundancia y son comunes en nuestros mercados, contienen en su carne material albuminoideas o nitrogenadas (proteínas), en una proporción que asciende al 16% de su peso en estado fresco; el pargo criollo, un 10%; las lisas, igualmente un 10% y sus huevas frescas más de un 20%.

Un reciente estudio de valores bromatológicos y vitamínicos, hecho en el Laboratorio Bromatológico de nuestro Ejército, por el doctor Enrique Fernández Flores y sus auxiliares técnicos, muestra muy bien y detalladamente tales valores con respecto a 20 especies escogidas entre las que más frecuentemente se venden al público, y de tan interesante trabajo extratamos lo siguiente: "Cherna americana o de Vivero", proteínas 21.96%; grasa, 0.70% vitamina "A", 246,220 Unidades Internacionales por cada 100 gramos de su hígado; valor calórico, 430.

En la biajaiba las proteínas ascienden a un 24.25%; vitamina "A" 65,400 Unidades por 100 gramos del hígado, y valor calórico 45.4.

En resumen, de las 20 especies analizadas por el citado especialista, la de mayor valor calórico es el peto, con 541; y la de menor el ronco en calorías muy apreciable.

Pasando a los mariscos, diremos que los camarones de mar contienen más de un 25% de proteína; la langosta un 18% y el cangrejo moro un 16%.

Como tipo de comparación mencionaremos la carne de res que itene 15% de proteína, y la leche con solo algo más de un 3%.

En general los moluscos y crustáceos resultan especialmente valiosos, tanto por sus cualidades nutritivas y el buen sabor y delicadeza de su carne, como desde el punto de vista de la variedad de minerales que contienen en superior calidad y concentración que cualquier otra clase de alimento, y además porque abundan en casi todas las vitaminas necesarias en la dieta humana.

Las ostras, almejas y langostas tienen aproximadamente doscientas veces más cantidad de yodo que los huevos y que la carne de res, por lo que utilizando esos productos marinos en la dieta algunas veces en la semana, se obtendrá fácilmente todo el suministro que el organismo humano requiere, y en forma muy asimilable.

El contenido de yodo en la masa de la langosta es aproximadamente 11,500 partes por billón; en el ostión y almeja sobre 6,000 en su estado fresco.

La ostra, cuya especie cubana bien conocida es el sabroso ostión, contiene igualmente un promedio de yodo 200 veces mayor que la leche, y trece veces más hierro, abundando en **vitamina "C"**, elemento de suma importancia para la buena salud. Por eso las ostras están reconocidas mundialmente por la profesión médica como un arma poderosa para combatir los casos de anemia pernicioso y también otros desórdenes derivados de una mineración impropia del cuerpo humano.

Aparte de eso, estos moluscos se destacan entre otras substancias alimenticias ordinarias, por su alta proporción de un carbohidrato de origen animal, el glicógeno, substancia semejante al almidón, pero que se asimila con mayor rapidez y facilidad, y, al contrario de lo que sucede con aquél, es completamente digerible aún en estado crudo.

Se estima que la persona normal necesita diariamente 0.8 gramos o sea ochenta centígramos de proteína por cada kilogramo de su peso corporal y de esa cantidad, la mitad, por lo menos, debe ser de origen animal.

Esos cuarenta centígramos de proteína animal por kilo de peso se obtienen de la carne de animales terrestres, reses, aves, etc. y de la de los de vida acuática, como pescado y mariscos.

Ejemplo claro de lo que es preciso hacer para resolver el problema de la escasez de material proteico suficiente, lo tenemos actualmente en el plan trazado por los técnicos para la República de Israel. Sus cálculos se basan en un consumo de 78.1 gramos de proteínas por persona al día, de las cuales 25.3 gramos han de ser de procedencia animal. Estas proteínas animales se considera que se obtendrán en la forma siguiente: carne (3.5 g.); huevos, (2.8 g); pescado (6 g.) y leche (13 g.). El estimado hecho en esa nación para conseguir dicho suministro de proteínas de pescado, a razón de 6 gramos por persona y por día, para dos millones de habitantes, es de 37,500 toneladas métricas anuales. Esto es, tienen que elevar a diez veces más su producción actual de pesca marina y aumentar también mucho la de agua dulce, mediante labores de piscicultura, para lograr el mínimo vital señalado. Y ya están laborando activamente en esos fomentos de su industria pesquera.

En Cuba, para una población de más de seis millones de personas, admitiendo una **necesidad mínima,** similar a la que acabamos de explicar, sería precisa una producción de 112,500 toneladas métricas de pescado cada año. Tendríamos que por lo menos quintuplicar, sólo para este consumo del pueblo, nuestra actual producción pesquera.

Y nuestras necesidades son realmente mayores que las mencionadas. Ya en el Congreso Nacional de Alimentación celebrado aquí en septiembre de 1943, se fijó como "dieta promedio" o "unidad de consumo", lo que se define como "la media aritmética de las distintas dietas óptimas del total de individuos de la Nación" o sea calculada no como dieta extrictamente individual sino como patrón general, la siguiente:

Proteína animal, o sea carne y pescado	50	gramos
Proteína vegetal	50	,,
Carbohidratos	375	,,
Grasas	100	,,

Como complementos: 1 gramo de Calcio; 15 miligramos de Hierro, 5,000 Unidades de vitamina "A"; 2.3 miligramos de Tiamina; 75 miligramos de Acido Ascórbico; 3 miligramos de Riboflavina; 20 miligramos de Acodo Nicotínico y proporción suficiente de vitamina "D", contenida principalmente en la ración de pescado.

Con esta dieta, más adecuada y completa para las condiciones de vida en Cuba que la que antes hemos expuesto, nos sería preciso elevar al doble el contenido de proteína animal, y eso representaría mantener un suministro anual de pescado de no menos de 200.000 toneladas métricas, exclusivamente para cubrir este concepto, del consumo interior en nuestra Nación.

Desde luego que parte de esos requerimientos de alimentos de origen marino para nuestro pueblo, se cubre con la importación, que puede y debe aumentar según va creciendo la población cubana, pero de todos modos el déficit es enorme y únicamente con una gran intensificación de la producción nuestra puede ser solventado.

Y lo que antecede no contempla más que el suministro mínimo de proteína de pescado y mariscos imprescindible para la correcta alimentación popular en una dieta bien balanceada. Pero al hablar del futuro de nuestra economía pesquera hay que tener también muy en cuenta el sector de exportación, en congelación y conserva que puede y tiene que llegar a ser de gran importancia, en su contribución al progreso industrial y auge nacional, en tan valiosa rama de aprovechamiento de uno de los más ricos recursos naturales del mundo.

REGLAS SENCILLAS QUE DEBEN SEGUIRSE EN LA COMPRA DE PESCADO Y MARISCOS

1.—Para el pescado fresco, o sencillamente refrigerado con hielo, hay que observar lo siguiente: Si es un pescado entero sin limpiar ni escamar, como parguito, biajaiba, etc., su color debe ser natural, brillante en las especies que así lo tienen, las escamas deben estar bien adheridas a la piel, sin aparecer levantadas, los ojos llenos y prominentes, nunca hundidos ni arrugados, nubosos o de aspecto turbio o lechoso. Las agallas rojas, sin mucosidad o babaza. Las paredes de la región ventral o sea la parte conocida vulgarmente como "ventrecha", no feben estar blandas ni decoloridas. El olor debe ser suave, como de algas o de agua salada y la masa no debe ceder ni quedar marcada al oprimirla con un dedo. Un pescado con ojos hundidos y de tono apagado, baboso en su exterior, con la carne floja, olor fuerte y agallas cubiertas de mucosidad y con el color rosado mate desvanecido, o gris amarilloso, debe ser rechazado, pues no se encuentra fresco.

2.—En el pescado en ruedas, o en filetes o minutas, la masa debe ser firme, con olor suave y agradable.

3.—El cangrejo moro, la langosta, los cangrejos de tierra y las jaibas, deben estar vivos. Las colas de langosta congeladas han de mostrar su carn eblanca y firme, sin olor fuerte. Los camarones tienen que tener su color natural en vida, según la especie, la carne firme y sin olor desagradable. El ostión, vivo y con su concha bien cerrada y la almeja debe estar con sus valvas cerradas y sin olor desagradable.

4.—Cuando se compre carne de pescado, o mariscos, congelado y envuelto en paquetes individuales o familiares, hay que fijarse en que su congelación sea perfecta y, si no han de utilizarse inmediatamente, colocarlos sin pérdida de tiempo en el departamento de congelación del refrigerador doméstico. Al descongelar el contenido de uno de esos paquetes, cocínelo todo, y no trate nunca de guardar una parte, volviéndola a congelar, pues se le echará a perder seguramente. Es posible cortar o separar una porción aún congelada, y guardar el resto para otra ocasión, pero no pretender conservar mediante nueva congelación lo que ha sido ya descongelado.

Si usted tiene en su congelador en la casa otros productos alimenticios empaquetados, los nuevos que adquiera colóquelos siempre **debajo** de los ya existentes y obtendrá mucho mejor resultado.

Los productos congelados y empaquetados para familias son siempre garantizados por los manufactoreros, pero por ello no hay que descuidar examinarlos bien al comprarlos y observar luego las precauciones de cuidado arriba indicadas.

REGLAS PARA LA ADQUISICION, Y CUIDADO, DEL PESCADO Y MARISCOS ENLATADO

Al comprar una lata de este tipo de conserva, examine bien su exterior, principalmente la tapa y fondo. Si esos extremos están abombados o abofados, levantados en curva hacia fuera, no la acepte, pues esa condición indica que hay gases acumulados en su interior, producidos por la descomposición del contenido. Rechase igualmente cualquier lata que aparezca oxidada o presente algún defecto, abolladura por golpe o cierre imperfecto. Al abrir la lata, compruebe antes que nada el olor, que debe ser suave y corresponder al producto que contiene, el cual, además, debe lucir firme y con buen color, nunca reblandecido, aguado o baboso, ni con manchas o vetas sospechosas.

Cuando se abre una lata de esta clase de conserva, si no se utiliza inmediatamente todo el contenido, no debe dejarse o guardarse el remanente en la propia lata abierta, sino que hay que pasarlo a un recipiente de vidrio, loza, barro vidriado o plástico, y así se conservará sin sufrir alteración colocado en el refrigerador o nevera, evitándose intoxicaciones u otros trastornos.

En las latas de conserva de camarones, langosta, cangrejo o jaiba, ocurre a veces un ennegrecimiento de la tapa en su cara interior y en el borde superior interno del cuerpo de la lata. Eso se debe a la formación de compuestos de sulfuros que se originan en la reacción de algunos aminoácidos con el metal del envase de hojalata. Tal condición no es peligrosa, aunque puede deslucir el aspecto del producto, pero sólo un poco en la superficie. Si el olor y la textura y aspecto son buenos, puede utilizarse, sin temor alguno. Este caso se presenta muy pocas veces, pues esmaltes especiales con que se reviste el interior de la lata, casi siempre la impiden.

TIEMPO DE COCCION QUE PRECISA EL PESCADO Y MARISCOS FRESCOS

El pescado entero, para asarlo, una vez limpio y puesto en adobo, requiere no menos de 30 minutos en horno a fuego lento, para quedar bien cocido y que se dore la superficie. Los más pequeños algo menos, y los grandes, como pargos, etc., un poco más.

Las langostas vivas se hierven en un caldero con una cucharada de sal por litro de agua, a fuego vivo durante 5 minutos, y luego se continúan cociendo en la propia agua, con menos calor para que no hiervan, de 25 a 35 minutos más, según su tamaño. Para las colas de langostas congeladas, el tiempo y las condiciones son las mismas. Recuérdese que hay que quitar el "cristal" o tripa larga del intestino, en las colas, antes o después de cocerlas. Empleando una olla de presión, el tiempo de cochura se reduce a unos 15 minutos.

Las jaibas y cangrejos vivos se cuecen en agua hirviendo, con sal, a fuego vivo 5 minutos. Se sacan y dejan escurrir y enfriar algo; se limpian quitando el carapacho y restregando bien bajo el chorro de la llave de agua y empleando un cepillito de cocina, la porción inferior y las bocas que contienen la masa comestible. Esto se pone en agua limpia, nunca en la ya usada, con su poco de sal, y se termina de cocer a fuego bajo, sin hervir, durante 10 minutos.

Las almejas vivas se escogen, desechando las abiertas o rotas. Se lavan bien exteriormente y se hierven a fuego vivo 10 minutos. Se sacan y dejan enfriar y escurrir algo, se abren, lavando bien el interior en agua corriente para quitar la arena y otras impurezas, y se etrminan de cocer a fuego lento, sin hervir, por 10 minutos. Pueden también terminarse de cocinar adicionadas a los demás ingredientes del plato que con ellas se esté confeccionando.

Los camarones enteros, o las colas, se echan en agua con su sal correspondiente; se hierven a fuego vivo 10 minutos; se sacan y se echan en agua fría, lo que permite descarcararlos fácilmente. Se les quita la venita negruzca que tienen a lo largo de la carne en la parte superior de la cola y se acaban de cocinar, guisar, freir u otra preparación. Cuando se destinan a ensaladas o coteles, la segunda cochura, sin que hiervan en ella, será de 10 minutos.

El calamar se lava y limpia bien, sacando la "pluma" o cartílago interno, se quitan las bolsitas de tinta, para luego agregar su contenido al plato que se esté confeccionando, se cortan en trocitos los rejos y el cuerpo, y se salcochan para que ablanden, de 10 a 15 minutos, según su tamaño. Ablandándolos en la olla de presión 5 minutos a 15 libras.

El pulpo, una vez bien lavado y limpiado, se machuca con una maceta de madera de cocina para aplastar la carne, golpeándolo bastante, y luego se corta en trozos adecuados. Requiere largo tiempo de cocción, no menos de 2 horas, sin hervir fuerte, en una salsa hecha con su propia tinta, vino tinto o seco, aceite y la sazón que se quiera. Se prueba pinchando con el tenedor de cocina, hasta que se aprecie que ya está suficientemente blando.

Cocinándolo en la olla de presión para ablandarlo sólo se necesita 1 hora si el pulpo es grande y si es pequeño 35 minutos a 15 libras de presión.

Cuando Ud. quiera interesarse por alguna receta que no esté en este libro, escriba a: **SRA. MARIA TERESA COTTA**

    121 S. E. 1st Street, Apt. 918 Langford Bldg.
    Miami, Fla. 33131

    Ave. Ponce de León 855, Piso 4to. Apto. 7
    Miramar, Parada 11, Puerto Rico

RECETAS SELECTAS DE LA COCINA FRANCESA

PAUFRETTES DE NEAU

INGREDIENTES:

1 champignon
1 libra de carne de puerco muy picadita.

3 libras de fileticos delgados uniformes, cortos, en bistés de ¼ de libra cada uno.
2 cebollas grandes.

Se hace una salsa con mantequilla, cebolla bien picadita, hasta que pierda la dureza, y champignon bien picadito, moviéndolo frecuentemente para que absorba la humedad.

Se hace una mezcla de pan rallado, la carne de puerco cruda muy picadita y el champignon, que se cocinó junto con la cebolla.

Se pone una cucharada grande de dicha mezcla y se envuelven los bistés amarrándolos con un cordelito.

Se envuelven en harina y se fríen en mantequilla. Se colocan todos después de fritos con una taza de caldo, 1 vaso de vino Bordeaux blanco, cocinándolo lentamente. Se fríe aparte un poco de champignón con mantequilla y se le añade 3 ó 4 tomates picaditos echándoles esto a última hora.

Se pasa por un tamiz sobre los bistés, una vez cocinados.

OTRA SALSA EXQUISITA

Pélense cuatro tomates grandes de ensalada; sáquese la semilla y píquense en trozos pequeños; póngase ¼ litro de caldo de carne, sal y pimienta, y cocínese a fuego lento; échese una cebolla muy picadita, y una cucharada de harina disuelta en un poco de agua.

Cocínese aparte un cuarto de libra de champignons en un poco de agua, jugo de limón y sal, a fuego lento; esto debe estar muy partidito. Una vez tiernos adiciónesele la salsa, sin el líquido en donde se cocinaron.

La sartén en donde se frieron los bistés, sáquesele la mantequilla, y échese el agua que quedó en los champignones, y un poco de vino blanco; cocínese un poco y cuélese y échese a la salsa que en este estado se le echará a los bistés, en el momento de servirse. Acompáñese de un puré de papas hecho con un poco de mantequilla y muy poca crema, y decórese.

Sírvase en una fuente pequeña y redonda.

BACALAO A LA PARISIEN

INGREDIENTES:

¾ libra de bacalao puesto en remojo.
1½ tazas de aceite.

15 dientes de ajo bien picaditos.
3 cucharadas de crema.

Se pone en remojo el bacalao 24 horas, cambiando varias veces el agua. Se pone en agua fría varias veces y se echa el bacalao; al empezar a hervir se aparta, sacándose las espinas y pellejos y partiéndolo en pedazos, ripiado.

Una taza de leche se le echa al bacalao así en la olla, y se va machacando con un mazo de madera, echándole poquitos de aceite y crema, después de bien mezclados, los ajos, y por último la crema. Hágase de todo una pasta consistente y algo cremosa.

Se cocinan 2 libras de papas y una vez cocinadas, échense 4 yemas de huevos y un poco de queso rallado; mézclese como un puré espeso. Póngase poniendo en la manga de decorar con la boquilla más fina. Sírvase poniendo el puré en una fuente redonda alrededor, y en forma decorativa; póngase en el horno para gratinar. Se saca y se pone en el centro de dicha fuente el bacalao.

PATE CHOUX

INGREDIENTES:

1 cucharadita de sal.
4 huevos.

½ litro de agua.
¼ libra de mantequilla.
½ libra de harina.

Se hierve el agua, mantequilla y sal, se echa de un solo golpe la harina y se revuelve vigorosamente sobre el fuego, apartándola después. Se echan dos huevos, se bate vigorosamente y después de perfectamente mezclado se le agregan los otros dos, terminando de hacer la pasta y batiendo bien.

Añádase a esta mezcla después de fría 5 cucharadas de queso de gruyere. Unase todo bien y fórmense unas pequeñas bolitas con la mano y fríase en abundante aceite, caliente, pero no con exceso.

Estas frituras son propias para tomarse con cerveza o vino.

BOULLABAISE
(Plato popular en Marseille)

INGREDIENTES:

4 tomates grandes de ensalada y maduros.
4 cucharada de mantequiquilla.
4 cucharadas de aceite de maní.
2 cebollas.
Un poco de apio.
3 dientes de ajo.
1 rama de perejil.

2 ajo-porros picaditos finos y largos.
¼ libra de mantequilla.
Pescados de distintas clases y mariscos.
Sal, pimienta a gusto.
1 taza de vino blanco
4 lascas de pan de molde.
½ taza de coñac.

Se salan los pescados, partiéndolos en trozos medianos. Se fríen en la mantequilla, la cebolla, los ajos, y demás vegetales, finamente picados, a fuego lento, añadiendo por último los tomates también finamente picados. Del pescado más tierno se separan unos pedazos para después darle sabor a la salsa.

Se echan los pescados restantes y después el vino, cocinándose lentamente hasta que se ablande el pescado. Por último, se añade perejil picado, y una salsa hecha de media taza de coñac, y el pescado que se cocinó primero, hecho pasta; todo bien mezclado.

PESCADO A LA PARISIEN
Plato frío.

- 1 pescado grande y blanco (pargo).
- 6 tomates de ensalada, medianos.
- 3 yemas de huevo.
- 1 taza de aceite, sal y pimienta a gusto, perejil para la decoración.
- 1½ libras de zanahorias.
- 1½ libras de papas.
- 1 lata de petit-pois.
- 3 limones grandes amarillos.
- 1 hoja de laurel.

Cocínese al horno o en olla de presión, según tabla indicadora, 10 libras, 10 minutos, un pescado en su propio jugo y un poco de jugo de limón y sal, hasta que esté tierno juntamente con los vegetales partidos en trozos pequeños.

Hágase una salsa mayonesa con las 3 yemas y 1 taza de aceite bastante espesa y héchese sobre el pescado poniéndose alrededor los vegetales al servirse.

GNOCHIS PARISIEN

INGREDIENTES:

- ¼ taza de agua.
- 1 huevo.
- 1 cucharadita de sal.
- 1 libra de harina.
- ½ libra de mantequilla.

Se mezcla con cuidado la harina con la mantequilla; se pone la harina en forma de corona y la mantequilla en pomada; se le agrega después el agua con la sal y se une con cuidado, trabajándose un poco con las manos abiertas; cuando tenga una forma uniforme se extiende por el rodillo a ¼ de centímetro más o menos y se corta con el cortador de pastas, poniéndose dentro de cada molde, estirando un poco el centro haciendo presión con los dedos alrededor. Pínchese un poco con la punta de un cuchillo. Horno lento, 10 minutos, 371 F.

Hágase llenar de judías el centro de cada molde, antes con un papel con judías, para que haga peso y no se levante la pasta al hornearlo.

Los moldes deben de ser no muy hondos y de un diámetro de 8 a 10 centímetros.

PATE CHOUX

INGREDIENTES:

¼ libra de harina.
1 cucharadita de sal.
4 huevos.

½ litro de agua.
¼ libra de mantequilla.

Se hierve el agua, mantequilla y sal, se echa de un solo golpe la harina y se revuelve vigorosamente sobre el fuego, apartándola después. Se echan dos huevos, se bate vigorosamente y después de perfectamente mezclado se le agregan los otros dos, terminando de hacer la pasta y batiendo bien.

Esta pasta se pone en una manga de decorar y se pone agua a hervir abundante, con un poco de sal; se van echando con la manga pequeñas cantidades de la pasta y cortando con la punta invertida del cuchillo, hasta terminar. De cuando en cuando mojar la punta del cuchillo para que no se pegue. Una vez cocinados unos 15 minutos y sacados del agua.

Se mezclan los gnochis con la salsa bechamel.

SALSA BECHAMEL

INGREDIENTES:

1 cucharada de harina.
¼ litro de leche.

1 cucharada de mantequilla.

Se pone la mantequilla con la harina; se va mezclando bien en la candela y se le echa la leche caliente batiendo con el batidor de alambre hasta hacer una mezcla uniforme, cocinándose a fuego lento unos minutos.

Se echa la mezcla de los gnochis con la bechamel a cucharadas en los moldes de los gnochis ya cocinados; se les cubre de queso rallado y se ponen a gratinar al horno. Unos minutos.

Esta receta puede modificarse añadiéndose un poco de jamón de lunch partido en trozos pequeños unidos a la Salsa Bechamel después de hecha y mariscos previamente cocinados, partidos en pedacitos pequeños.

OMELETTE SOUFFLEE

INGREDIENTES:

3 yemas de huevo.
6 claras.

2 cucharadas de azúcar en polvo.

Se mezcla el azúcar con las yemas hasta que esté cremoso, y aparte, una vez batidas las claras, a punto de merengue fuerte, se va envolviendo el merengue con la mezcla anterior poco a poco uniéndola en una forma envolvente. Se le echa un poco de mantequilla a una fuente, y un poco de azúcar pulverizada, sacudiéndola para que quede lo menos posible.

Se pone en el horno a baja temperatura, en el momento de servir, cinco minutos, más o menos.

MAGDALENAS

INGREDIENTES:

½ libra de azúcar pulverizada.

12 onzas de harina para pastelería
½ libra de mantequilla sin sal.

Estando tierna la mantequilla, se une con el azúcar y una cucharada de miel y 6 huevos con las claras, y se sigue batiendo hasta hacerlo cremoso. Se le unen 12 onzas de harina y una corteza de limón rallada; la harina debe de estar tamizada y écharse poco a poco y una cucharadita de vainilla en polvo o líquida.

Se pone en un molde de boquilla rizada ancha, y se echa en unos moldes de poca profundidad.

Al echar la pasta en los moldes, debe de ponerse la manga de decorar en posición vertical. Temperatura de 325 grados. Tiempo: 15 minutos de horneo.

BANANAS FLAMBES
(Pasado por la llama)

INGREDIENTES:

5 plátanos medianos (fruta, Johnson). Se envuelven en harina y se sacuden, se fríen en abundante mantequilla, se ponen una vez fritos, unos minutos al horno.

Se unta un poco de mantequilla en una fuente y se colocan los plátanos, se les echa ron, el cual ha sido previamente calentado. Una vez sacados los plátanos del horno, y en la misma fuente se le echa el Ron (4 cucharadas) y se le prende fuego.

POIRE AU MAURESQUINE
(Postre exquisito)

Cocínense en un almíbar fuerte 6 peras grandes después de peladas y partidas a la mitad y 6 plátanos Johnson pequeños. Hágase una crema Chantilly aparte; tritúrense unas cuantas almendras partidas de antemano en pedacitos pequeños. Pónganse las peras en la fuente con las mitades cortadas hacia abajo, y échese sobre ellas la crema inglesa con el chocolate derretido todo batido y unido, pónganse pequeñas porciones de almendra tostada encima de las peras en pequeñas proporciones; colóquense entre pera y pera los plátanos, cuidando que no los cubra el chocolate para que haga un contraste bonito, y póngase la crema chantilly bien fría para decorar el postre, que deberá ser servido en bandeja de plata y redonda.

CREMA INGLESA
(Para servir con las peras).

INGREDIENTES:

¼ litro de leche.
4 yemas.

3 cucharadas de azúcar pulverizada.

Se pone a hervir la leche con el azúcar; se baten bien cremosas las yemas; se aparta la leche del calor y batiendo constantemente se le añaden las yemas, se perfuma con vainilla corriente en polvo o líquido. ¼ cucharadita.

CREMA CHANTILLY
(Para adornar el plato)

Colocar sobre hielo picado y dentro de un depósito de cristal redondo y hondo un cuarto de litro de crema muy fresca y espesa y un ¼ de taza de leche fresca sin hervir, batiéndose moderadamente. Cuando se obtenga una mezcla perfecta, bien ligada, se añade poco a poco (en forma de lluvia) ¼ de libra de azúcar pulverizado y ¼ de cucharadita de vainilla, uniéndose todo bien. Esta crema sirve para adornar los merengues, los Vacherins, los hojaldres y otros pasteles y postres. Se puede también perfumar la crema con esencia de café o de frutas, dentro del bol y licores finos en muy pequeñas cantidades. Debe batirse sobre el hielo de 5 a 8 minutos y dentro de un bol o depósito de cristal. Consérvese en el refrigerador.

PASTEL DE MANZANAS A LA INGLESA

INGREDIENTES:

¾ libra de harina.

2 decilitros de agua fría.
½ libra de mantequilla.

Se echa la harina sobre el mármol, dándole la forma siguiente:

Se le va echando poco a poco el agua con la junta de los dedos y se sigue uniendo poco a poco; después de un amasado ligero se forma una bola, se tapa y se deja reposar la masa diez minutos.

Después de terminada la masa se le pone en el centro la mantequilla.

Se le da unos golpes extendiéndola con el rodillo y dando la primera vuelta. La mantequilla debe de estar a la temperatura del ambiente; se vuelve a aplastar y enseguida se marcan con la punta del dedo los dos dobleces primero, y así sucesivamente hasta seis; la masa no debe de ponerse en el refrigerador; sino cuando se quiere guardar para otros días. El tiempo entre cada vuelta es de quince minutos.

Se pelan 4 manzanas medianas, y después de bien partidas en trozos pequeños, se les agrega un cuarto de libra de mantequilla y a fuego lento se cocina para hacer un puré; se pasa después por el tamiz.

Se pelan tres manzanas y se le da el corte siguiente a la mitad; después se pican finas.

Una vez terminada la pasta de hoja se corta para el pastel en la forma deseada.

Se une por un huevo batido que se untará con una brocha y luego se les da unos cortes alrededor. Se coloca en el centro y bien distribuído el puré de manzana, colocado simétricamente.

Horno, 350 al comienzo; después 200 F. hasta que esté dorada la superficie. Tiempo: 25 minutos.

CREMA PASTELERA

INGREDIENTES:

4 yemas d ehuevos.
4 cucharadas de harina.
¼ libra de azúcar pulverizada.

½ cucharadita de vainilla en polvo o en líquido.
½ taza de leche.

Se mezclan las yemas y el azúcar y se baten bien con el batidor de alambre hasta que se ponga cremosa; la cacerola debe de estar al fuego lento; se el une la leche, habiéndole echado antes la harina disuelta en un poco de leche fría, para que no se hagan pelotas; se le agrega el resto de la leche, se sigue batiendo hasta que adquiera una gran consistencia espesa. Debe de hacerse todo esto a fuego lento.

Después de fría la crema añádanse 2 cucharadas de ron, mezclándolas bien.

CREMA DE MANTEQUILLA

INGREDIENTES:

4 yemas.
½ libra de mantequilla.

¼ libra de azúcar pulverizada.

Se baten bastante las yemas con el azúcar pulverizada. Se bate aparte la mantequilla y después se unen las dos cosas, batiéndolas perfectamente.

Se le añade crema de maní o de almendras mezcladas a la mitad, según el gusto, lo que obscurece la crema y le dará sabor delicioso. Hay que añadir una cucharada de vainilla en polvo. También a esta crema se le añade Nescafé o esencia de café, haciéndose la crema de café o cocoa, y se hace una crema de chocolate, teniendo como base la crema de mantequilla.

CREMA DE ALMENDRA

INGREDIENTES:

¼ libra de mantequilla
¼ libra de azúcar.

2 huevos enteros.
¼ taza de ron.

Se calienta la mantequilla a fuego lento, con el azúcar y se añaden después las almendras pulverizadas y cernidas, batiéndolas bien; se le añaden dos huevos enteros y se sigue batiendo. Se le agrega un poco de crema de pasteles.

Después que a los pasteles se les haya echado esta mezcla, se les pone encima almendras en lascas, y se ponen unos minutos al horno, hasta que se doren superficialmente las almendras, y se les echa por arriba un poco de confituras de albaricoque, que se habrán disuelto en un poco de agua, y después de hervir, se les pone con una brocha, colocándose en el centro como motivo decorativo unas pocas almendras picadas del tamaño de una cabeza de alfiler y que se habrán teñido de verde con colorante vegetal de pastelería.

PUDIN DIPLOMATICO AL ESTILO FRANCES

INGREDIENTES:

½ copita de kirsch o cointreau.
½ litro de leche.
vainilla.
3 huevos enteros.

3 panquecitos o 4 paquetes de bizcochos.
¼ libra de azúcar.
frutas confitadas.

Bátanse los huevos, con el azúcar; caliéntese la leche y agréguese a los huevos, póngase un molde engrasado con pan rallado, camadas en el fondo de frutas confitadas, simétricamente y en bonita combinación; después mizcochos, y así hasta llenar el molde, que se cocinará a baño María, y una vez terminado, se hará un almíbar ligero, agregándole después de hecho el kirsch o cointreau, y póngase alrededor de la fuente al servirse. Tiempo de cocción: 30 minutos a horno moderado.

También se puede agregar un poco de kirsch o cointreau al poner el bizcocho en el molde, el cual se echa primero en un plato, regándolo con un poco del mismo.

Desmóldese cuando esté frío.

Tiempo en la olla de presión 15 minutos, 15 libras de presión.

PASTA DE ALMENDRA

INGREDIENTES:

1 kilo de azúcar.

1 vaso de agua, que pase un dedo del azúcar una vez puesta en la cacerola, para evitar que se pegue alrededor cuando hierve.

2 cucharadas grandes de glucosa, póngase a cocinar hasta que llegue a la temperatura de 120 grados centígrados y entonces retírese del calor.

Téngase la almendra finamente pulverizada en un bol grande de cobre; échese poco a poco el almíbar revolviendo continuamente con una espátula de madera hasta unirla bien; póngase un poco de azúcar pulverizada en un mármol y extiéndase bien lo más posible la masa, una vez tibia hay que trabajarla mucho con la mano abierta y apoyándose, hasta que la pasta adquiera una consistencia lisa y suave.

Después de separar pedazos para darles el color deseado, se trabaja la masa hasta unirla bien. En este momento es importante añadirle una copa de licor u otra clase de kirsch para dar sabor y suavizar la masa.

Pueden hacerse frutas e imitación de fiambres y vegetales, según idea e imaginación personal.

Combinaciones de color hechas con colorantes de pastelería de origen vegetal. Verde y amarillo combinan armoniosamente.

SOUFFLE GRAN MARNIER

INGREDIENTES:

6½ cucharadas de mantequilla sin sal.

6½ cucharadas de harina.

6½ cucharadas de azúcar

¾ litro de leche

4 yemas de huevos.

2 cucharadas de Gran Marnier (licor)

8 claras de huevos.

Se pone la mantequilla en una cacerolita; se le añade la harina y se revuelve bien; se le va mezclando la leche poco a poco, batiendo con un batidor de alambre pequeño; se le agrega el azúcar pulverizada, 4 yemas de huevo, y se sigue batiendo, y por último el licor. Se baten a punto de merengue fuerte las 8 claras.

Se prepara un molde con mantequilla bien engrasado por los bordes y se echa la mezcla del soufflé; antes hay que echarle un poquito de azúcar pulverizada.

Cuando se adicionan las claras al soufflé, hay que unirlas en una forma, dándoles vueltas poco a poco.

Póngase en el horno momento antes de servirse. Debe servirse enseguida que esté.

LES MARRONS
(Castañas)

INGREDIENTES:

½ kilo de castañas.
¼ libra de azúcar.

4 barras de chocolate
½ litro de leche.

Pélense las castañas y cocínense dentro de la leche, una vez blandas, pasarlas por el cernidor lo más calientes que sea posible, tan pronto termina de hervir.

Se derrite el chocolate, agregándolo a la mezcla anterior y uniéndolo a ¼ de libra de mantequilla.

Bátanse perfectamente hasta obtener una liga perfecta, y agréguense 3 cucharadas de ron, 1 cucharadita de vainilla o crema de café.

Se unta mantequilla a un molde alargado; se le coloca la mezcla de las castañas, haciéndose una ligera presión y se pone en el refrigerador.

CREMA INGLESA
(Para servir con las castañas)

INGREDIENTES:

¼ litro de leche.
4 yemas.

3 cucharadas de azúcar pulverizada.

Se pone a hervir la leche con el azúcar; se baten bien cremosa las yemas; se aparta la leche del calor y batiendo constantemente se le añaden las yemas, se perfuma con vainilla corriente en polvo o líquido.

ENSALADA DE FRUTA

Se pela la naranja, se le saca toda la parte blanca, se sacan los gajos lo más enteros posible, sin desbaratarlos; uvas, plátanos en ruedita, manzanas, peras; se les echa azúcar con un poco de vino blanco o cointreau, o cognac y kirsch, champán o sidra, todo en muy poca cantidad y revolviéndolo bien, sólo es para dar sabor. Se decora con los gajos de las naranjas bien colocados.

DIVIERTASE VIAJANDO! Y PAGUELO EN COMODOS PLAZOS

El encanto de un viaje, cualquiera que este sea, no lo constituye el hecho de realizarlo, sino el recuerdo inolvidable de aquello que se disfrutó y se sigue disfrutando aun despues de realizado.

VIAJE.....
- Confortable.....
- Seguro...
- Protegido...
- Confiado...
- Economico...

HAGA
Su propio itinerario

Y

CONSULTENOS

VIAJAMOS EN ESPAÑOL

SUCURSAL EN PUERTO RICO
AVE. FERNANDEZ JUNCOS #1601
PARADA 23
SANTURCE, PUERTO 00909
TEL: 725-0707

Una organizacion mundial que inspira confianza al viajero.

Mena

305 N. E. 1ST STREET
MIAMI, FLA.
PHONES:
379-3862 - 379-3863

SUCURSAL EN CHICAGO
2519 NORTH CLARK STREET
CHICAGO ILL. 60614
TELF. 472-5631

PARA SU SALUD

COMA DIARIAMENTE UNO O MAS ALIMENTOS DE CADA GRUPO

GRUPO No. 1
Vegetales y frutas de color verde y amarillo.

GRUPO No. 2
Naranjas, Toronjas, Limones, Guayabas, Marañón, Piñas, Coles, Tomates, Ají, Verduras y otras frutas.

GRUPO No. 3
Viandas, Cañas de Azúcar, Berenjenas, Cebollas, Lechugas, Nabos, Anón, Manzanas y Plátanos.

GRUPO No. 4
Leche y Quesos.

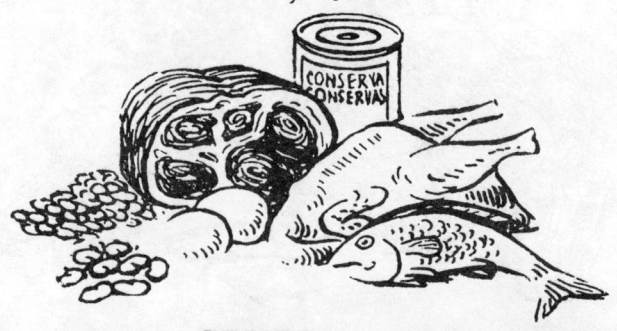

GRUPO No. 5
Carnes, Aves, Pescado, Huevos, Maní y granos varios.

COMA PAN ENRIQUECIDO Y ARROZ ENRIQUECIDO PARA MEJORAR SU NUTRICION

GRUPO No. 6
Pan, Cereales, Harinas integrales y Levadura.

GRUPO No. 7

Mantequilla y Aceite de Hígado de Tiburón o Bacalao.

Cómo saber si los huevos son frescos

4 3 2 1

Introducir los huevos dentro de un recipiente preferiblemente de cristal conteniendo agua.
El huevo marcado con el número 1 que está acostado en el fondo es muy fresco.
El huevo marcado con el número 2 que está de pie en el fondo tiene muy pocos días de puesto.
El huevo marcado con el número 3 y que está casi acostado y en posición más alta que el anterior, tiene varias semanas de puesto.
El huevo marcado con el número 4 tiene varios meses de puesto.

De venta en Farmacias

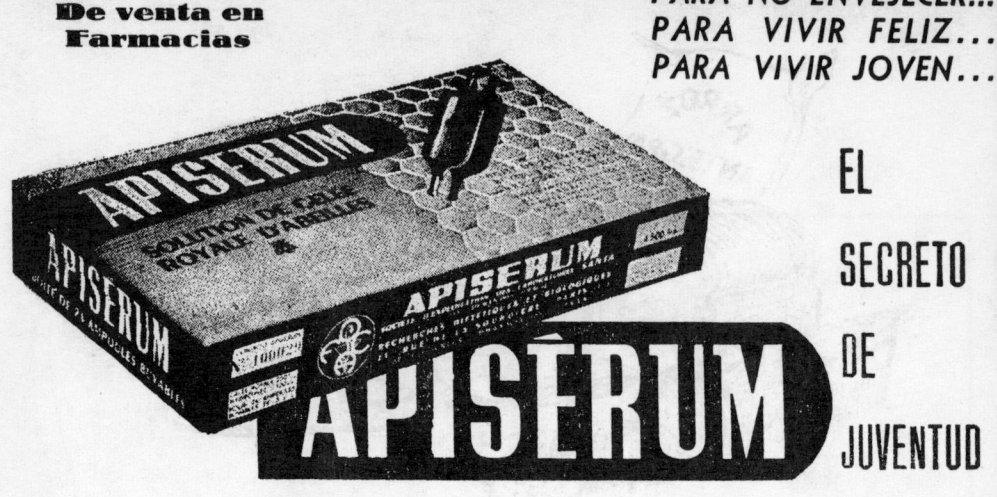

PARA NO ENVEJECER...
PARA VIVIR FELIZ...
PARA VIVIR JOVEN...

APISÈRUM

EL SECRETO DE JUVENTUD DE LAS ABEJAS

De Belvefer

SOLUCION DE JALEA REAL
(ESTABILIZADA)

Tratamiento de 24 Ampulas

AL SERVICIO DE LA HUMANIDAD

Al objeto de responder a los ruegos de numerosas personas deseosas de conocer, en forma indiscutible, la acción del "APISERUM", resumimos aquí los principales efectos de esta juventud natural según las cartas de los utilizadores mismos.

● Desde los primeros días, sensación de bienestar, de regeneración, provocada por un notable aumento del TONUS nervioso.

Al CANSANCIO sucede una actividad juvenil, al pesimismo la alegría de la vida.

La memoria y la capacidad sexual son de nuevo normales.

● Al cabo de algunas semanas, la acción regeneradora del "APISERUM" se manifiesta en la epidermis de las partes delicadas del cuerpo: cara, senos, etc. Se manifiesta una lozanía y una firmeza nuevas.

● Los efectos indicados se fortifican después de la cura. La acción de "APISERUM" no es fugaz; es durable. Lo que se comprende cuando se piensa que, en la colmena, una larva de abeja alimentada sólo durante TRES DIAS con la jalea real se transforma para toda su existencia.

No podemos comunicar los detalles de los casos particulares; pero nuestro deber consiste en afirmar:

Ninguna mujer, ningún hombre, incluso cuando son muy jóvenes, deben ignorar las ventajas de la Jalea Real.

Es un producto de los Laboratorios SANTA, de Belvefer.
París, (Francia).

Importadora y distribuidora exclusiva en Estados Unidos, Puerto Rico e Islas Vírgenes, Sra. María Teresa Cotta, 121 S. E. 1st. Street, Apto. 918 Langford Bldg. Miami, Fla. 33131, Tel. 377-0108
Ave. Ponce de León 855, Piso 4to. Apto. 7, Miramar, Parada 11
Puerto Rico, Tel. 723-5818.

Recordar es volver a vivir...

¿Y quién no quisiera vivir mil veces el día más feliz de su vida? Por eso, el segundo hombre más importante en su boda es el fotógrafo. Una fotografía bien hecha, deja el momento impreso para toda la vida. No experimente. Esa foto puede tomarse solo una vez y MARCEL STUDIO le garantiza sus fotos desde la llegada a la Iglesia, hasta el momento de la partida de su casa o lugar donde ofrezca la recepción.

Marcel Miami

MARCEL STUDIO no experimenta.
MARCEL STUDIO retrata con garantia.

MARCEL STUDIO
130 N.E. 2nd. AVE. TEL. FR4-1534

RECETAS ADICIONALES

GALLETICAS DE AVENA (OATMEAL) CON PASITAS

1½ taza de harina de trigo	1 taza de pasitas
2 cucharaditas de polvo de hornear (Baking Powder)	½ taza de manteca
	1 taza azúcar
½ cucharadita de sal	5 cucharadas de huevo en polvo + 5 cucharadas de agua
½ cucharadita de canela en polvo	
2 tazas de "oatmeal"	½ taza de leche

1. Cierna la harina, sal, polvo de hornear, y canela en polvo. Añada el "oatmeal" y las pasitas. Revuelva para mezclar.
2. Bata la manteca bien. Añada el azúcar poco a poco batiendo bien cada vez. Añada los huevos, bata bien.
3. Añada la leche y la harina y "oatmeal" a la manteca y azúcar batida por turno batiendo hasta mezclar bien después de cada añadidura.
4. Ponga por cucharaditas en una tártara engrasada y hornee por 13-15 minutos (horno calentado 350°) Dá 3 docenas.

FLAN DE LECHE

2 tazas de leche en polvo	6 huevos en polvo (preparados)
1 cáscara de limón	¾ taza azúcar blanca
1 rama canela	1 cdta. vainilla
¼ cdta. de sal	

Hierva la leche con la canela, cáscara de limón, y sal. Déjala refrescar. Agréguele a los 6 huevos preparados el azúcar y la vainilla. Añádale la leche. Cuélelo todo y viértalo en un molde bañado con caramelo. Cocínelo al baño de María, en una olla de presión a 15 libras con ½ taza de agua durante 25 minutos.

PUDIN DE PAN EN LA OLLA DE PRESION

4 rebanadas de pan de leche	½ cdta. canela
1¾ taza de leche en polvo	1 cdta. de vainilla
4 huevos en polvo	¼ cdta. de sal
¾ taza azúcar blanca	½ taza de pasas o menos a gusto.

Engrase un molde con capacidad para 3 ó 4 tazas usando una cucharada de mantequilla.

Pique el pan en trocitos sin quitarle la corteza. Remoje el pan en la leche mientras prepara los huevos en polvo y los bate con el azúcar, vainilla, canela, y sal. Mezcle los huevos batidos con el pan y la leche. Agregue las pasas. Viértalo en el molde. Cocínelo a 15 libras de presión durante 20 minutos con 1 taza de agua en la olla. Déjelo enfriar antes de quitarlo del molde.

NOTA: Esta receta la puede hacer al doble para que le quede un buen pudín.

FLAN DE CALABAZA (8 raciones)

INGREDIENTES:

1½ libra calabaza	2 cucharadas oleomargarina o mantequilla.
5 cucharadas de huevo en polvo y 5 cucharadas de agua	1 cucharadita vainilla
	¾ taza leche
1 taza azúcar	2 cucharaditas harina trigo

PROCEDIMIENTO:

Cocine la calabaza con sal a gusto. Májela y mezcle con los otros ingredientes. Pase la mezcla por un colador.

Prepare un molde o lata con azúcar quemada y vierta la mezcla. Ponga en baño de María. Cueza en horno de calor moderado (325 grados) durante 45 minutos.

GALLETICAS DE MANTEQUILLA DE MANI

- ½ taza de manteca, oleomargarina o manteca vegetal
- ½ taza azúcar
- ½ taza azúcar prieta
- 2½ cucharadas de huevo en polvo y 2½ cucharadas de agua
- 1 cucharadita de vainilla
- 1 taza de mantequilla de maní
- ½ cucharadita de bicarbonato de soda
- ½ cucharadita de sal
- 1½ taza de harina de trigo

1. Bata la manteca bien con un tenedor. Añada el azúcar poco a poco y bata bien.
2. Añada el huevo, vainilla y mantequilla de maní, bata bien.
3. Cierna la harina, bicarbonato de soda y la sal. Añada los ingredientes cernidos a los batidos gradualmente y mezcle bien. Resulta una masa espesa.
4. Con las manos haga una bolita de masa del tamaño de una nuez. Ponga las bolitas en una tártara y con un tenedor aplaste las bolitas dejando la marca de los dientes.
5. Póngase en el horno calentado (350 grados) por 8-10 minutos. Dá 4 docenas de galleticas.
   Esta masa se puede hacer y guardarse en el refrigerador hasta que se vaya a hornear.

TURRON CON MANTEQUILLA DE MANI

- 1 lata de mantequilla de maní
- 4 onzas de miel de abeja
- 1 taza de azúcar blanca pulverizada

MODO DE HACERLO:

Se abre la lata de mantequilla de maní, se le saca la grasa que tiene en la superficie, se extiende en una mesa pasándole un rodillo por encima y después se amasa echándole poco a poco pequeñas cantidades de azúcar y miel cuando se despega fácilmente de las manos ya esta la masa en su punto. Se le da la forma rectangular del turrón preferiblemente se puede echar en unas de las gavetas de hielo del refrigerador poniéndole papel absorbente debajo y encima y cambiándolo, cada vez que suelte grasa. Debe ponerse en el refrigerador por espacio de una semana.

SOUFFLE DE BONIATO CON MANTEQUILLA DE MANI

- 4 boniatos medianos (de 4½ a 5 tazas cocinados y majados)
- 1 taza leche
- 5 cucharadas de huevo en polvo y 5 cucharadas de agua
- ½ taza de harina
- ¾ taza de azúcar
- ½ cucharadita de sal
- ½ taza mantequilla de maní
- 2 Cucharadas de manteca
- 1½ cucharadita de polvo de hornear (baking powder)

PROCEDIMIENTO:

1. Pele y corte los boniatos. Cocine con agua hasta estar blandos. Escurra y maje bien.
2. Mezcle bien el polvo de huevo con su agua. Añada todos los ingredientes al boniato majado. Mezcle bien.
3. Caliente la sarten con las dos cucharadas de manteca. Eche la mezcla en la sartén, tape bien y baje el calor a un fuego bien lento. Cocine hasta que penetrando un cuchillo por el centro salga seco.

RECETA BASICA PARA SOPAS DE VEGETALES A LA CREMA

- 2 Cdas. Harina
- ½ cdta. de sal
- 6 cdas. leche en polvo
- 2 tazas de agua
- 1 lata de vegetales

Bata la harina con la leche en polvo, sal y el agua. Cocínela a fuego muy lento moviéndola constantemente para que no se pegue al fondo de la olla. Se cocina hasta que hierva y espese ligeramente. Anádale la lata de vegetal y déjela cocinar por dos o tres minutos más.

Estas sopas a la crema pueden sazonarse a gusto con pimienta, nuez noscada, pimentón, sal de ajo, cebolla, etc.

CARNE FRIA CON CARNE PRENSADA EN CONSERVA

- 1 Lata de Carne
- 1 pepino mediano (encurtido)
- 1 chorizo tipo español
- 2 quesos cremas chicos (o uno mediano)

MODO DE HACER:

Se aplasta bien la carne con un tenedor, el chorizo se desbarata bien, el pepino se corta en pedacitos lo más pequeños posible.

El queso crema se tiene a temperatura ambiente, para que se conserven suaves. Todos estos ingredientes se unen bien. Se forma con esta masa un cilindro envuelto en un papel encerado o de aluminio. Después, de dar vueltas sobre la mesa para que coja la forma redonda, se le pone en el congelador con el papel, por espacio de dos horas.

Luego se corta en pequeñas rueditas y se ponen sobre dos galleticas de soda o sal.

CARNE PRENSADA EN FORMA DE JAMON

- 1 lata de carne prensada (sin abrir)
- 8 cucharadas de azúcar turbinada (prieta)
- 2 cucharadas de vino seco
- 2 ó 3 clavos de especia
- El jugo de una lata de piña en ruedas (mediana)
- 1 pomo chico de cerezas en conserva

MODO DE HACER:

Poner la lata cerrada con la carne dentro de una cazuela con agua hirviendo, por diez minutos.

Después sacarla de la lata, dejándola entera y echarle por encima, azúcar prieta, vino seco y los clavos enterrados en la carne. Se le echa por encima el jugo de las piñas, luego se le pone también las ruedas de piña y las cerezas.

Se pone a hornear a 325 grados por diez minutos. Después se saca y se deja enfriar y se come fría como si fuera jamón.

TAMALES (EN OLLA DE PRESION)

- ½ taza de harina de maíz fina, puesta en agua desde la noche anterior
- 1 lb. de maíz molido congelado
- 1½ lb. de masa de puerco partidos en pedazos pequeños
- 6 cucharadas de manteca de cerdo
- 6 cucharadas de sofrito con salsa de tomate
- ¼ cucharadita de pimienta en polvo
- Sal al gusto

MODO DE HACERLO:

Se muele en la licuadora el maíz congelado, y la harina sin agua. Cocínese las masitas de puerco a fuego lento agregándole la manteca y el tomate, se une todo y se pone a fuego lento para darle un poco de consistencia a la pasta, revolviéndola con cuchara de madera. Se corta el papel de aluminio a medida de 8 por 8 pulgadas, se coloca en el centro 5 cucharadas de esta pasta, se cierran en forma rectangular y se amarran por ambos extremos para evitar que se abran al cocinarlo.

Se le pone la parrilla a la olla de presión y se le agrega 1½ taza de agua, luego se meten dentro todos los tamales y se tapa la olla. Cuando salga vapor se le pone el indicador de presión y cuando suene se le baja la candela a fuego mediano y se cocinan los tamales por espacio de 20 minutos a 15 libras de presión.

CARNE CON QUESO AL HORNO

- 5 cucharadas de huevo en en polvo cernido
- 5 cucharadas de agua
- 1½ rebanadas de pan
- 1 libra, 2 onzas (2¼ tazas) de carne de res molida
- ¼ taza de leche
- ¾ taza de queso rallado
- 3 cucharadas de cebolla picada
- ⅓ taza de apio picado
- 1 cucharadita de sal
- 1 cucharadita de salsa worcestershire

Polvoree el huevo sobre el agua, revuelva y bata bien hasta suavizar. Añada el pan y la leche y bata bien hasta mezclarlo. Una todos los ingredientes. Mezclelos bien. Coloque la mezcla en un recipiente de hornear engrasado previamente (7 x 5 x 2½) y hornee a una temperatura de 375 grados F. (calor moderado) por espacio de 1 hora y 15 minutos. Dá 6 raciones.

PISTO

1 lb. de papas
½ cebolla
1 ají de ensalada
3 dientes de ajo
½ taza salsa de tomate
1 cdta. de sal
⅓ taza de aceite de oliva
6 huevos en polvo (prep.)

Corte las papas en cuadritos y fríalas. En el aceite (⅓ taza), sofría la cebolla picadita, los ajos machacados y el ají picadito. Añada la salsa de tomate. Cuando esté el sofrito, añádale las papas fritas y los huevos en polvo batidos con la sal.

Cocínelo a fuego lento revolviéndolo constantemente hasta que cuaje a su gusto, sin dejarlo secar demasiado.

NOTA: 1 huevo en polvo equivale a 5 cdas. de agua y 3 cdas. rasas de huevo en polvo. El huevo en polvo deberá diluirlo en el agua hasta que dé la sensación de huevo natural.

FRITURAS DE PANETELA

⅛ cdta. de sal
2 cdtas. de polvo Royal
⅓ taza harina
2 huevos en polvo
¼ taza azúcar blanca
½ cdta. vainilla
2 cdas. de agua y 1 cdta. de leche en polvo (unidas)

Cierna la harina con el Royal y la sal. Prepare 2 huevos en polvo por la receta anterior. Añádale poco a poco el azúcar. Agregue los ingredientes secos cernidos, pero no los batas, sino envuélvalos suavemente. Añada por último la leche y la vainilla. Tome la masa por cucharadas y fríala en el aceite caliente o manteca.

****

INDICE

	PAGINA
Portada	1
Retrato y Firma de la Autora	2
"A mis Lectores"	3 y 4
Instrucciones indispensables para cocinar en ollas de presión	5
Cuidado de la olla de presión	6
Causas de Fracasos más Comunes a las Personas Inexpertas en la Cocina a Presión	7
Ideas para Cocinar con Rapidez	8

RECETAS DE ARROZ

Arroz con Pollo	11
Congrí	12
Moros con Cristianos	12
Arroz con Quimbombó	13
Arroz con Chorizos	13
Arroz con Pescado	14
Arroz con Pollo (2a. receta)	14
Arroz con Salsa de Tomate	15
Arroz con Gallina	16
Paella Valenciana	16
Arroz con Carne de Puerco	17
Arroz con Bacalao	18
Arroz Blanco	19
Arroz a la Marinera	20
Arroz con Jamón	20
Arroz con Salchichas	21
Arroz Amarillo con Maíz Tierno	22
Arroz Amarillo con Bonito	22
Arroz a la Milanesa	23
Arroz Amarillo con Vegetales	23
Arroz Amarillo con Camarones	24

VIANDAS Y VEGETALES GUISADOS Y EN ENSALADA

Ventajas de las viandas y vegetales cocinados a vapor	25
Calabaza (Receta Básica)	25
Yuca Cocinada en la Olla de Presión	26
Malanga Cocinada a Vapor	26
Boniatos a Vapor	27
Plátanos Pintones (también a vapor)	27
Fufú de Malanga	27

	PAGINA
Platános Maduros a Vapor	28
Puré de Yuca	28
Ensalada de Bacalao con Ñame	28
Ensalada de Vegetales	29
Ensalada de Pollo	29
Ensalada de Ají (pimiento)	30
Habichuelas a Vapor con Salchichas	30
Ensalada de Pescado con Gelatina	31
Machuquillo de Plátano Verde y Pintón	31
Plátanos con Mantequilla	32
Col con Jamón	32
Acelgas Salteadas	32
Acelga con Huevos	33
Habichuelas en Salsa de Tomate	33
Guiso de Calabaza	34
Berenjena en Cazuela	34
Coliflor en Salsa	35
Pisto Criollo	35
Papas con Huevo y Crema	36
Ñame con Mojo	36
Ajíes Rellenos	37
Papas Rellenas	38
Papas Rellenas (otra fórmula)	38
Puré de Papas	40

RECETAS DE CARNE

Carne con Papas	41
Carne Asada	42
Boliche Mechado	42
Bistecs a la Plancha en Ollas de Presión	43
Bistecs Enrollados	44
Bistecs en Cazuela	44
Boliche sin Mechar	45
Picadillo de Carne	45
Albóndigas (primera receta)	46
Albóndigas Exquisitas (segunda receta)	46
Albóndigas (tercera receta)	47
Ternera Asada en Cacerola	48
Estofado de Ternera	48
Riñón al Jerez	49
Lomo de Puerco a la Jardinera	50
Carne de Puerco con Quimbombó	50
Patas de Puerco a la Andaluza	51
Riñón en Salsa de Tomate	52
Aporreado de Tasajo	52
Bistí de Hígado	53
Hígado a la Italiana	53
Lengua en Salsa de Tomate	54
Lengua de Ternera Empanada	54
Chuletas de Puerco con Salsa de Cebolla	55
Chilindrón de Carnero	56
Salchichas con Papas	56
Chorizos con Papas	57
Carnero con Guisantes (Petit-Pois)	57
Lechon en Salsa	58

RECETAS DE AVES

PAGINA

Recetas de Aves	59
Pollo a la Criolla	59
Salchichón en la Olla de Presión	60
Pollo Asado	61
Pollo con Tomate	61
Croquetas de Pollo	62
Pollo Frito	62
Fricasé de Pollo, Estilo Criollo	63
Pollo con Cebolla	64
Pollo Cacerola	64
Guinea en Escabeche	65
Pavo Relleno	65

RECETAS A BASE DE GRANOS

Potaje de Judías	67
Potaje de Habas Limas	68
Frijoles Negros	68
Frijoles Negros (Segunda Receta)	69
Garbanzos Fritos	70
Garbanzos con Bacalao	70
Frijoles Colorados	71
Potaje de Garbanzos a la Andaluza	72
Potaje de Garbanzos (criollo)	72
Fabada Asturiana	73
Potaje de Lentejas	74
Caldo Gallego	74

RECETAS DE CALDOS Y SOPAS

Ajiaco Criollo	76
Caldos de Carne para Distintos Usos Culinarios	77
Sopa de Tomate	77
Sopa de Cebolla	78
Sopa de Pollo	78
Caldo Concentrado de Gran Alimento	79
Caldo de Gallina	80
Sopa de Papas	80
Sopa de Pescado	81
Sopa de Pastas o Fideos	81
Sopa de Legumbres	82
Sopa de Plátanos Verdes	82
Sopón de Arroz o Rancho	83
Sopa de Judías	84
Cocido a la Madrileña	84
Sopa de Ajos	85
Caldo Vegetal y Viandas	86

FRITURAS, EMPANADILLAS, ETC.

PAGINA

Frituras de Bacalao	87
Sandiwch de Papas	88
Frituras de Arroz Blanco	88
Frituras de Plátano	89
Churros	89
Frituras de Maíz Tierno Molido	90
Empanadillas	90
Frituras de Calabaza	91
Frituras de Malanga	91
Croquetas de Crema	92
Frituras de Sesos	93

RECETAS DE MAIZ Y HARINA DE MAIZ

Tamal de Anís	94
Pastel de Maíz	95
Tamal en Hojas	96
Tamal en Cazuela	96
Frituras de Maíz	97
Harina de Maíz en Dulce	98
Harina de Maíz con Cangrejos	98
Harina de Maíz con Tomate	99
Harina de Maíz con Melado	100
Harina de Maíz con Carne de Puerco	100
Harina de Maíz con Huevos Fritos	101
Guiso de Maíz Tierno con Carne de Puerco	102

RECETAS DE PESCADOS Y MARISCOS

Bacalao en Bola	103
Bacalao al Estilo Oriental	104
Bacalao a la Vizcaína	104
Bacalao con Tomate	105
Bacalao con Queso	106
Bacalao con Salsa Blanca	106
Pescado Guisado	107
Escabeche de Pescado	108
Pescado en Salsa Verde	108
Pescado a la Vinagreta	109
Pescado al Vapor	109
Croquetas de Bonito	110
Bacalao Estofado	110
Parguito Asado al Vapor	111
Langosta Enchilada	111
Ensalada de Bonito	112

MACARRONES Y SPAGUETTIS

Macarrones con Salsa de Tomate	113
Macarrones con Leche	114
Macarrones con Salsa de Queso	114
Spaguetti con Bolas de Carne	115
Macarrones con Carne de Puerco	116

SALSAS Y CONDIMENTOS

PAGINA

Salsa Verde (para pescado, papas y ensalada)	117
Adobo para Carnes y Salsas	117
Mojo Criollo	118
Salsa Blanca	118
Salsa para Escabeche	118
Salsa Rubia (para carnes)	119

APERITIVOS Y POSTRES

Aperitivo de Aguacate	120
Cocktail de Camarones	120
Cocktail de Langosta	121
Cocktail de Cangrejo	121
Cocktail de Almejas	122
Cocktail de Frutas Refrigeradas	122
Dulce de Mango	122
Mermelada de Mango	123
Boniatillo	123
Dulce de Toronja	124
Orejones de Melocotones	124
Ciruelas en Almíbar	125
Arroz con Leche	125
Fruta Bomba en Almíbar	126
Plátanos en Almíbar	126
Pastel de Frutas	127
Mamey Amarillo de Santo Domingo	127
Manzana en Almíbar	128
Harina de Maíz en Dulce	128
Pudín de Chocolate	129
Dulce de Coco	129
Pudín de Coco	130
Pudín con Cocktail de Frutas	130
Pudín de Pasas y Nueces	131
Pudín de Manzana	132
Pudín Diplomático	132
Pudín de Calabaza	133
Pudín de Arroz	134
Pudín de Limón	134
Manzanas Acarameladas	135
Arroz con Leche (segundo receta)	135

INSTRUCCIONES PARA HACER FLAN EN LA OLLA DE PRESION

Tocino del Cielo (flan de huevo)	136
Flan de Mango	137
Flan de Chocolate	138
Flan de Café	138
Flan de Coco	139
Flan de Coco (otra fórmula)	139
Flan de Vainillas	140
Flan de Frutas	140
Flan de café	141

CAKES

PAGINA

Cake de Mármol	142
Cake de Chocolate	143
Cake de Naranja	143
Cake Popular	144
Rosca de Ciruelas Pasas	145

LA OLLA DE PRESION COMO ESTERILIZADORA 146

RECETAS ESPECIALES PARA NIÑOS

Crema de Maíz Tierno	147
Sopa de Tapioca	147
Puré de Vegetales	148
Crema de Trigo	149
Sopa de Sémola con Leche	149
Sopa de Lentejas	150
Compota de Ciruelas	150
Panetela Borracha en la Olla de Presión	151

COMIDAS SIMULTANEAS EN LA OLLA DE PRESION "All American"

Menús para Conservar la Línea	153
Menú No. 1	153
Menú No. 2	153
Menú No. 3	153
Menú No. 4	154
Menú No. 5	154
Menú No. 6	154
Menú No. 7	155
Menú No. 8	155
Menú No. 9	155
Menú No. 10	156
Tortilla de Espinacas	156
Menú No. 11	157
Cocktel de Frutas Naturales	157
Acelgas con Leche	157
Menú No. 12	157
Sopas de Vegetales	157
Menú No. 13	158
Menú No. 14	158

	PAGINA
Menú No. 15	159
Menú No. 16	159
Crema de Maíz Tierno con Leche	159
Salsa de Tomates	160
Salsa Marietta	160
Salsa de Ají	161
Salsa de Camarones	161
Salsa de Coliflor	161
Salsa de Berro	162
Mayonesa sin Huevo	162
Mayonesa	162
Mayonesa de Zanahoria	163
Salsa de Cebolla	163
Salsa de Mojo Criollo	163
Roquefort	163
Acelgas con Leche	164
Sopa Vegetal	164
Bonitos en Dulce	165
Normas Generales de Tiempo para Cocinar Macarrones, Spaguetti y Arroz	166
Dulces en Almíbar, Flanes, Pudines	166
Normas Generales de Tiempo para Cocinar Vegetales y Maíz	167
Normas Generales de Tiempo para Cocinar Aves	168
Normas Generales de Tiempo para Cocinar Potajes y Sopas	168
Normas Generales de Tiempo para la Cocción de Carnes	169
Norma General de Tiempo para Cocinar Viandas	170
Normas Generales de Tiempo para Cocinar Viandas	170
Normas Generales de Tiempo para Cocinar Pescados y Mariscos	170
Los Productos Alimenticios de Origen Acuático	171
Reglas Sencillas que Deben Seguirse en la Compra de Pescados y Mariscos	174
Reglas para la Adquisición y Cuidado del Pescado y Mariscos Enlatados	175
Tiempo de Cocción que Precisa el Pescado y Mariscos Frescos	176

RECETAS SELECTAS DE LA COMIDA FRANCESA

Paufrettes de Neau	178
Otra Salsa Exquisita	178
Balacao a la Parisién	178
Pate Choux	179
Boullabaise	179
Pescado a la Parisién	180
Gnochis Parisién	180
Pate Choux	181
Salsa Bechamel	181
Omelette Soufflee	181

COMIDAS CRIOLLAS EN OLLAS DE PRESION

	PAGINA
Magdalenas	182
Bananas Flambes (Pasado por la Llama)	182
Poire Au Mauresquine (Postre exquisito)	182
Crema Inglesa (Para servir con las Peras)	183
Crema Chantilly (Para adornar el plato)	183
Pastel de Manzanas a la Inglesa	183
Crema Pastelera	184
Crema de Mantequilla	184
Crema de Almendra	185
Pudín Diplomático al Estilo Francés	185
Pasta de Almendra	186
Souffle Gran Marnier	186
Les Marrons	187
Crema Inglesa	187
Ensalada de Fruta	187
Para Su Salud	189
Coma Diariamente Uno o Más Alimentos de Cada Grupo	189
Grupo No. 1	189
Grupo No. 2	189
Grupo No. 3	190
Grupo No. 4	190
Grupo No. 5	190
Grupo No. 6	191
Grupo No. 7	191
Cómo Saber si los Huevos son Frescos	191